筑駒の研究

小林哲夫
Kobayashi Tetsuo

河出新書
070

まえがき

筑波大学附属駒場中学校・高等学校（筑駒）。旧名称、東京教育大学附属駒場中学校・高等学校（教駒）。

この校名を一見しただけで不思議な感覚にとらわれてしまう。謎といっていいかもしれない。

筑駒って、なぜこんなにすごいのか。

筑駒についてさまざまな見方がなされる。それらは、たとえば以下のように華やかだ。

＊中学入試でもっとも難易度が高く、天才、秀才、賢い人が多い
＊東京大現役合格率日本一を続けている
＊数学オリンピック金メダリストが続出した
＊制服がないなど校則は定められていない。とにかく自由だ
＊日銀総裁を2代続けて輩出した
＊早稲田大総長に2代続けて就任した

＊同じような時期に自衛隊トップ統合幕僚長、警視総監、警察庁長官を生んだ
＊コロナ禍、原発、政治経済、文化で発信力が高い学者がいる
＊最近では起業家が活躍している

なぜ筑駒はさまざまな分野領域で突出した存在感を示すのか。いったいどのような教育を行っているのか。謎は深まるばかりだった。

教育内容、カリキュラムを読む限り、なにか特別なことが行われているわけではない。進学実績が高い私立中高一貫校のように高校2年で全課程を修了し、難関大学受験の準備をしているというわけでもない。文化祭や体育祭などの行事はかなり盛んだ。この点、伝統的な公立高校に近い雰囲気を漂わせている。

筑駒のどこにこんなパワーがあるのだろうか。

その謎を探るべく、筑駒（教駒）の関係者をたずねてみた。卒業生、元教員など合わせて約100人から話をうかがった。彼らは異口同音に筑駒の「自由」が、いまの自分たちを作ってきたと振り返った。では、筑駒の「自由」とは具体的にどのようなことだろうか。彼らの話を聞けば聞くほど、筑駒に魅了されていく。一方で日本一賢い彼らだからこそ、「自由」を自分なりにうまく使いこなせたのかなとも思った。ただ、ここで「だって筑駒

だから」という枕詞をつけて、筑駒を語らないようにした。天才、秀才、賢い人論になってしまい、筑駒の本質を見失ってしまうからだ。

本書では筑駒卒業生の物語を描くなかで筑駒の謎に迫った。そこにはコミカルな話が少なからず出てくる。そして、「自由っていいものだな」とあらためて認識させてくれる。

筑駒の不思議な世界を楽しんでいただきたい。そして、その中から教育のあり方について考えてほしい。

ようこそ、筑駒ワンダーランドへ。

目次

第2章

「自由闊達」の正体

——筑駒教育の真髄を探る

師であり友であり兄のような存在／ワトソンとクリック、ディケンズ、O・ヘンリー／受験勉強もマイペースでガリ勉を馬鹿にする／受験勉強したければ、わたしは代ゼミで教えているからそこに来なさい／『共同体の基礎理論』『プロテスタンティズムの倫理と資本主義の精神』／「赤旗」にそった内容を教える授業も／教員は研究心旺盛で個性の強い、言いかえればアクが強い／どこから歴史をみるかで評価は変わるもの／「東大に入れ」というプレッシャーはなく、居心地は良かった／受験はやればできる。好きなことを学びなさい／教員によっては学級崩壊／筑駒の卒業生はやさしい英語で上手に話せる／秋葉原事件を起点にオウム真理教、最後はパリの同時テロ／型にはまりに鉄緑会へいく／「教科書中心ではなく」「ありきたりの座学でない」教育が4分の3世紀続いた

駒人気／校長は生徒のデモ参加を「当然」と認めた／「教駒への横流し入学」で生徒が激怒／お茶の水女子大附属高校との合同ホームルーム／校内模試ボイコットとバリケード封鎖／生徒のツブがそろっている。それに尽きます／在日韓国人政治犯の釈放運動に生徒・教職員・保護者が取り組む

第5章 教駒・筑駒史　存続危機から底力を発揮
——筑駒時代（1970年代後半〜2020年代）

※本書中、OBの人名に添えた「(○年卒・□期)」は、高校卒業年（西暦。上二桁の19あるいは20は略した）と、開校から何期目の代であるかを示す。
※1978年に筑駒は教駒から改称した。原則として、同年以前に関する記述は「教駒」、以降については「筑駒」と記した。

第１章

筑駒の新しい潮流

起業家やコンサルタントとして活躍するＯＢたち

「卒業生には官僚や学者が多い」

筑駒の卒業生について語るときこんなフレーズがよく出てくる。実際そのとおりだが、最近は事情がすこし変わってきた。起業家、コンサルタントとして活躍する筑駒OBの名前をときおり聞くようになった。目立つ、増えている、というわけではない。だが、ベンチャービジネスの世界で気になる存在として注目されている。

会社を立ちあげたOB、会社を支援するOB、新しい事業を始めたOBなどを訪ね、筑駒での体験がいまの生きざま、仕事の進め方にどのような影響を与えたかを中心に語ってもらった。

飛び抜けた人はどんどん飛び抜け

まず筑駒パーソナルコンピュータ研究部（パ研）出身の起業家3人を紹介しよう。

Preferred Networksは深層学習を中心に、コンピュータヴィジョン、自然言語処理、音声認識、ロボティクスなどの幅広い分野で研究開発を行っている。

同社の創業メンバーで最高経営責任者の西川徹さん（01年卒・49期）は在学中にチーム

ワークを形成することにおもしろさを感じた。

「チームで何かを成し遂げるおもしろさを知りました。さらに自分は人を引っ張る、リーダーシップをとることが好きなこともわかりました。コミュニケーション能力は高くないけど、本番になると自然にことばがでてくる。大勢の前でスピーチできる自信がつきました」

「文化祭が終わって3カ月全力で勉強すれば東大には受かる」という教員の言葉を真に受けて、高3の文化祭が終わるまでパ研の活動に没頭した。図書室に置いてあるパソコンの専門書を読んでばかりいた。

「好きなことを勉強しつくすには最高の環境でした。成績はよほど悪くないと注意されなかった」

文化祭では食品班の会計を担当した。

「仕入れから販売までの複雑な金の流れについて表計算ソフトを駆使して処理しました。これは最初に会社を作ったときに役立ちました」

サイアメント社長、医師の瀬尾拡史さん（04年卒・52期）は、中学に入学するとパ研に入り、ＣＧ（コンピュータグラフィックス）の制作に熱中した。やがて、それがいまの仕事である、医療用のＣＧ映像やソフトウエアなどのコンテンツ制作、開発につながっていく。

「飛び抜けた人はどんどん飛び抜け、という校風がぼくに合っていました。好きだったらやらせればいい、という雰囲気だからこそ、ぼくも飛び抜けられたのか。野放しに見えるけど、高校3年になったら受験勉強して、東大ぐらいいこうね、という雰囲気はありました」

瀬尾さんは東京大医学部に進んでから、医療におけるCGの活用を追究した。在学中、このテーマで総長賞・総長大賞を獲得している。ある裁判（裁判員裁判第1号の刑事事件）で司法解剖に基づいて凶器の刺さり方をCGで再現したことへの評価だった。こうした社会貢献につながる取り組みは、筑駒6年間の経験が大きい。

瀬尾さんは幼少のころ、公文式で算数、数学の難問をパズルのように解くことができた。因数分解もパズルだった。しかし、それがどう役立つかわからなかった。

CGのプログラミングでは、二次方程式の解の公式の判別式が重要な役割を果たすことを知る。CGの球体をらせん状、理髪店の看板みたいに回すにはどうしたらいいか。

「らせんの軌跡を三角関数を使えばできあがる、記号を使ってパズルをはめ込んで解くのではなく、実際にものができあがっていく過程がわかった。中学のときからCGで成果を求めてきたので、勉強したものがそのまま実用化する、つまり社会で使われることに魅力、おもしろさを感じました」

瀬尾さんをパズルの世界から実用化の世界に誘ってくれた。筑駒にはそんな環境が整っていた。サイアメントは、サイエンス（学術、科学）に特化したハイクオリティな3DCGイラスト&アニメーションを創り出すことを事業としている。複雑で難解なサイエンスの世界を、だれにでも身近で「正しく、楽しく」伝えるイラスト&アニメーションを制作している。

むずかしい選択を迫られるベンチャー企業運営、筑駒での体験は役立った

AtCoder CEOの高橋直大さん（07年卒・55期）もパ研出身だ。慶應義塾大を経て、プログラミング・コンテストを開催する、AtCoderを設立した。こう振り返る。

「いまにつながるものごとの考え方、そして経営判断の源は、筑駒で身につき洗練されました」

コンテストでは筑駒の後輩たちと接することが多い。彼らがおもしろい知的ゲームをつくり、そのネットワークが広がる様子を見て、高橋さんはうれしく思う。

「いまの筑駒生はむかしの自分よりは賢い。ものをちゃんと考えて話をしている。なにかに一極集中するのではなく、いろいろなことをやっている姿がすばらしい。けっこうまじめで、授業を荒らしたりはしないですしね」

一方でこんな感想を抱いた。

「お坊ちゃま的おとなしさがあります。常識をもっていて、そのタガから外れないぐらいにいる。そのなかで、とがった考え方の人物が現れる。それが他の中高と違うところでしょう」

グリーの上級執行役員・最高技術責任者の藤本真樹さん（97年卒・45期）は上智大文学部を卒業後、アストラザスタジオ、テューンビズへの入社などを経て、2005年にグリーの取締役に就任した。グリーはゲーム、アニメなどの制作を行い、藤本さんはこの間、オープンソースソフトウエアシステムのコンサルティングなどを担当している。

藤本さんは1991年に中学入学、このときの印象を話してくれた。

「みんなめっちゃ賢い、というだけではなく、学び方、ものの考え方がすごくて、成熟度が一気に引き上げられました。授業の内容を覚えれば良い点がとれるという話ではなく、自分の頭を使うことが普通に求められました。自分でもう1段、2段上を考えないと話にならない、と思ったものです」

藤本さんは授業にはついていけなかったと振り返る。

「落ちこぼれでした。東大、京大などに普通にいくよね、みたいな空気がありましたが、当時のぼくはまだそのレベルには達していなかったのだと思います」

文化祭では、自身の成長につながったという。

「個々の自立性があって成り立つ行事ゆえ、勉強になりました。自分とはかけ離れたものの見方をする人、自分とはまったく違う考え方をする人と出会ったことで、ぼく自身、人格の根幹ができました。また、知識と教養がすごい先生から多くを学ぶことによって、頭の使い方がうまくなりました。こうした経験は、常にむずかしい選択を迫られるベンチャー企業を運営する上で役に立っています」

筑駒のあり方については、こう話してくれた。

「教育でなにも縛りはなく自由闊達を続けるのは、あちこち衝突も起こります。でも、頭の良いひとたちが自由にすごせる時間は、国にとって良いことではないでしょうか」

世の中をよくしたい。人を不幸にしない

2010年代、筑駒ですごした起業家たちを紹介しよう。

株式会社ｒｅ社長の福村圭祐さん（12年卒・60期）は、教員からは「自由をはき違えるな」と言われ続けた。

「世の中をよくしたい。人を不幸にしない。そのためには自分がやりたいことを勝手にやっていいというのではなく、規範意識を持ち合わせて取り組むことのカッコよさを教えて

くれました」

慶應義塾大に入学後、起業して社会に役立つことを考えた。

「自分の興味のあること、達成したいことに気心が知れた仲間たちと取り組むことが何よりも自分の楽しみです。これは自由な筑駒の影響でしょう。もっと会社を大きくして、早く筑駒の同期とも働きたいと思います」

ｒｅは、複数回の事業売却を通して現在物流業界向けの新規事業の企画・開発を行っている。社名の通り、業界を〝再〟定義、〝再〟構築することで世の中の流れを良くすることを目的としている。

笹沼颯太さん（18年卒・66期）は東京大在学中に起業し、現在、Yondemyの代表をつとめる。同社は「ヨンデミーオンライン」を開設し、ＡＩヨンデミー先生による子どもの好みやレベルに合わせた本のおすすめや、アプリによって読書へのモチベーションを高めるサポートを提供している。

笹沼さんは今日までビジネスを順調に進めてきたが、筑駒時代を振り返ると入学時に挫折感を抱いたことは忘れられない。算数、数学には自信がある。ピアノが得意だった。いずれもトップの自信があった。

しかし、筑駒には笹沼さんよりもさらに上のレベルの同級生がいた。たとえば、ショパンコンクール入賞者がいる。さすがにかなわない。

「どこかしらで1番をとりたい。ピアノ、数学では無理なことがわかりました。そこでずらしてずらして自分の場所を見つけるようにしました。先生から「かけ算で1番をとりなさい」と言われました。やたらハードルが高い分野で1万分の1になるのはむずかしい。そこで、それほど高くない3つの分野でそれぞれ100分の1を出し続けます。その3つをかけ算すれば100万分の1となる人材になります」


オリコンチャートの週間1位を1年分全部覚えている同級生

世田谷区下北沢に高校生、大学生、若手社会人が生活を共にする教育寮「SHIMOKITA COLLEGE」がある。さまざまな背景を持った居住者が学び合い、課題を解決する力を養成することや、リーダーシップを育むことを目的としている。

「SHIMOKITA COLLEGE」の運営スタッフで広報担当、河合道雄さん（09年卒・57期）はこう話す。「興味を持ったことを探求する環境を作りたい、と思いました。学びと発見のある日常ですが、これは筑駒時代に経験したことであり、いまの仕事の基盤になっています」

河合さんは東京大の学生時代、高校生が進路を選択する際に偏差値という基準だけではなく、身近な世代のロールモデルから考えられるようになってほしいという課題意識から、有志とＨＬＡＢ（Ｈラボ）を立ち上げた。京都大大学院教育学研究科に進み、在学中はハーバード大学でのオンライン講座を開発しているHarvardXでインターンを経験している。なお、京都大時代の恩師は、筑駒ＯＢの飯吉透さん（83年卒・31期）だった。

振り返ると筑駒での学びからは、さまざまな刺激を受けた。

「たとえば、三平方の定理についてそのまま覚えさせるのではなく、できるだけ別解で考えてみる授業がありました。それぞれの科目で先生が好きで取り組んでいたテーマをマニアックに教えてもらったことが発見につながりました」

生徒も好きなことを追求する熱気にあふれていた。

「近年の学校教育のトレンドとして探究学習がありますが、その一歩目は自分の好きなことを突き詰めることだと思います。筑駒では当たり前のようにそれをやっている人が周りにおり、たとえば、生物が好きで毎回のテストのたびに補習を自主的にやってくれる同級生や、音楽が好きすぎてオリコンチャートの週間1位を1年分全部覚えている同級生がいました。こんな熱を持っている人がまわりにいたことは、大きな宝でした。好きなものに対する熱はまわりの生徒にも伝わる。そんな空間を「SHIMOKITA COLLEGE」でも作りたいですね」

高校生は横、上のつながりが希薄である、学問も英数国理を超えたものに取り組んでもらおう、と考えている。これも筑駒的だ。高校2年生で受講したゼミナールでは、大学のゼミ顔負けの研究に挑戦させてもらった。

彼らよりももう少し上の世代を見てみよう。

イミオ社長、琉球フットボールクラブ会長兼社長の倉林啓士郎さん（00年卒・48期）は、中学高校とサッカー部のキャプテンをつとめている。倉林さんは東京大進学後、サッカー部に入ったが、すぐにやめてしまう。ピアスをしてはいけないなど、サッカー以外で細かなルールを課されたのが、自分に合わなかった。その後、在学中、ＤｅＮＡでインターンシップを経験する。また在学中、グローバルトレーディングを設立して、パキスタンからサッカーボールを輸入するビジネスを始めた。２００６年にイミオをスタートさせる。

イミオは、スポーツブランド事業、スポーツ施設事業を手がけており、フットサル、サッカー用品の「sfida（スフィーダ）」ブランドを展開し、スポーツ量販店などで販売している。「より意味（価値や物語）がある商品」を創りたいという願いを込めて、社名を「商品に意味を」からイミオと名付けた。筑駒の校訓「自由・闊達の校風のもと、挑戦し、創造し、貢献する生き方をめざす」と重なるところがある。

筑駒での経験はいまのビジネスにつながっているだろうか。

「経営者として胆力がついたのは、サッカー部で鍛えられたからでしょう。練習はかなりきつく、合宿ではひたすら走っていました。顧問の小澤治夫先生に目をつけられ、厳しく指導されました。教え込まれたのは「仁義」です」

筑駒は自由だが、倉林さんはヤンチャなところを見せた。教室にカギをかけて麻雀をやっていたことがある。小澤さんから「カギあけろ」と怒鳴られたこともあった。

それでも、倉林さんは小澤さんからは目をかけられていた。

「小澤先生はむりやり、型にはめるようなことはせず、良いところを伸ばそうとする。自信たっぷりだったわたしにはぴったりでした。長所が試合で発揮できれば、短所に目をつむる、という考え方ですが、これはいまのビジネスにつながるかもしれません。わたしは交渉や営業は得意ですが、こまかな人事や経理は苦手です」

先生を介さず社会人と交渉した経験は大きかった

大学卒業後外資系コンサルタント会社に就職し、のちにビジネスの世界で頭角を現したＯＢがいる。

片野大輔さん（03年卒・51期）は東京大工学部を卒業後、ドリームインキュベータに入社した。その後、ボストン・コンサルティング・グループ勤務を経て、YCP Japan代表取締役に就任する。そして、２０１９年A.L.I.Technologiesの代表取締役社長に就任した。

　片野さんはコンサルタント経験が長い。その観点から、筑駒を振り返ってもらった。印象に残っているのは文化祭であるという。これまでやったことがないことに挑戦してアウトプットでき、そのクオリティは高かったからだ。

「ルールがないなか自分で考えて答えを出そう、という思考力が十分に備わっているからでしょう。受験勉強で計算のパターンを覚えるより、創造的なことを考えるという筑駒の自由な教育方針は、コンサルタントの仕事とマッチします。自分がまったく知らない領域でも、その道の専門家から速やかにキャッチアップして付加価値を備えてディスカッションできるようになる。情報をあつめて勉強し、自分なりの構図を作る。これはコンサルで求められる資質でしょう」

　いま、片野さんは人命救助など社会に役立つようなホバーバイク、ドローンの実用化に取り組んでいる。大企業がもっているアセットをどう活用するか。そのためには高い交渉力、コミュニケーション力が求められる。

「いまの仕事の源泉は、困った人を助けたい、という思いです。これも筑駒での学びが影響しているのかもしれません。大きく成熟したマーケットから新しいビジネスを生み出すというより、20年先を見据えて挑戦したいですね」

金田雄介さん（07年卒・55期）は一橋大卒業後、外資系コンサルタントのブーズ・アンド・カンパニー（現・Strategy&）を経て、グリー、ドワンゴ子会社などに勤務してきた。現在はラクスルでM&Aなどを手がける。

いまの仕事の原点は、前述した筑駒の校訓につながると、金田さんは話す。

「新しいことに取り組もうとするとき、学校の教育目標を思い出します。迷ったら、新しいもの、おもしろいものを選ぶ。それでだれかが楽しんで、生活が良くなったらいいと思いながら仕事をしています」

中学時代、東京都内の校外学習では次世代の携帯を調べるため、京セラなど携帯機種メーカーや携帯電話販売店の担当者から話を聞いた。取材に応じた企業はたいていウェルカムな雰囲気であり、上場企業の広報課長が説明することもあった。

中学3年生のとき、岩手をまわる修学旅行では訪問するルートを盛岡中心、遠野周辺など数パターン用意した。学習に合わせてその地域の歴史や民話などを調べられるようにするためだ。教員は宿泊先の手配、アドバイスをするが、旅行そのものには介入しない。

「自分ですべてを決めて、何が必要でだれに担当してもらったらいいかを考え、遂行する。この繰り返しでした。自分がやりたいことを何もないところからスタートして形にする。

そういう機会があるという意味では、筑駒の方針はビジネスでの新しい取り組みそして起業と相性が良いかもしれません。もちろん、それは後になってわかったことでした。先生を介さずに、初めて社会人と交渉した経験も大きかった」

国のために仕事をしているけど、自分の世界観として勝手に働いている

彼らよりもひとまわり、ふたまわり上の先輩が経営者として活躍していた。

ゴードン・ブラザーズ・ジャパン元・CEOの田中健二さん（86年卒・34期）は、筑駒から起業家やコンサルタントが現れた動きをポジティブに捉えていた。

「最近、いいなあと思うのは東大、大企業にこだわらない筑駒生を見かけることです。群れないで、独立して自分の好きなことをやる、それがベンチャーにつながって、居心地の良さを感じる。一学年160人なので倫理観が似ており、社会のために正論を言いたくなる。以前のように東大から官僚というコースではなく、我が道をいくというスタイルはいいことだと思います」

ゴードン・ブラザーズ・ジャパンはバリュエーション（在庫評価）、リストラクチャリングサポート（在庫換価）、ファイナンスとインベストメント（融資・出資）を事業内容としている。田中さんは、日本開発銀行（現・日本政策投資銀行）、ゴールドマン・サックス証

券などを経て今日に至った。

起業、コンサルタントの世界で、筑駒OBにとってレジェンド的な存在なのが、経営共創基盤（IGPI）グループ会長の冨山和彦さん（79年卒・27期）である。東京大在学中、旧司法試験に合格し、ボストン・コンサルティング・グループに入社し企業支援に関わった。その後、産業再生機構の代表取締役専務兼業務執行最高責任者を務めた。2007年、経営共創基盤を設立しコンサルティング・企業再生を行ってきた。

冨山さんは教駒時代、不安にかられた日々をすごすことがあったという。小学生のころは天才少年と言われたが、教駒入学後、「自分とは何か」という問いに、学校は答えを与えてくれる場ではなかったからだ。こう話す。

「自分がこれまで生きてきた中であきらかに変な空間でした。自分の居場所をどこにつくるのかを教駒は保証してくれない。学校の先輩も、開成の運動会のようなつながりによる面倒見の良さはなく、助けてくれない。自分の立ち位置を探す作業を続けるなかで結果的にクールヘッド、冷静に物事を考える感覚が身につきました。それは良かったのかもしれません。ときに斜に構えた冷めた見方をしてしまいますが」

冨山さん自身、脱力系と自認するほど、肩の力を抜いていた。マネジメントの仕事を関連させてこう話してくれた。

「平均値で言えば東大より教駒のほうが優れており、もっとも純化された極端な空間でした。そこに違和感を抱かないのは危険だなと思ったものです。在学中は、生意気盛りでモチベーションのない人を音楽祭や文化祭でマネジメントできたけど、それは教駒が世の中全体から見れば特殊な空間、将棋の「奨励会」のような場だったからです」

奨励会とは、プロ棋士養成機関で全国から将棋がやたら強い子どもたちが集まる。奨励会つまり教駒のような空間はめったにない。したがって一般のマネジメントを筑駒の感覚で行うことはできない、ということだろう。

教駒・筑駒ＯＢについて、こう見ている。

「個人主義でプロフェッショナルが多い。国のために仕事をしているけど、自分の世界観として勝手に働いているという感じでしょうか。だから卒業生に学者が多いのです」

最近は、若手起業家が現れた。その特徴について、冨山さんはこんな見方をしてくれた。

「クールヘッドゆえ、金持ちになりたい、有名になりたいというガツガツ系はいないでしょう。だから、金融のベンチャーは少ないはずです。趣味、すなわち自分の価値観で仕事をしたい、というタイプ、自分もそうでした。何が何でも金持ちになろうという発想はださい、と思っているのでは。趣味と仕事が合致すればいい。だから野田秀樹さんを尊敬し、あこがれるのだと思います」

このほかに最先端ビジネスで活躍する筑駒ＯＢを紹介しよう。

野村直之さん（80年卒・28期）は、ＮＥＣ C&C研究所、ジャストシステム、リコー勤務を経て、２００５年にメタデータを創業した。同社ではビッグデータ分析、ソーシャル活用、各種人工知能応用ソリューションを提供している。

川崎禎紀さん（00年卒・48期）は、東京大大学院情報理工学系研究科コンピュータ科学専攻修士課程を修了し、ゴールドマン・サックス・ジャパン・ホールディングスを経て、２０１２年にWantedly取締役ＣＴＯに就任した。

近藤玄大さん（05年卒・53期）は、２０１１年に新卒でソニーに入社。14年に退職し、イクシー株式会社を設立。「handiii（ハンディィ）」という義手の実用化に向けて開発を進めている。

群れないではなく、群れられない

筑駒ＯＢの経営者、コンサルタントはＩＴ関連など近い分野で働いているが、横のつながりはあまりない。このあたりを合同会社未来共創機構ＣＥＯの泉克明さん（05年卒・53期）にたずねてみた。

合同会社未来共創機構は転職やキャリアコーチング、採用コンサルティング、採用代行業務を事業としている。泉克明さんは筑駒時代をこう振り返る。まず、数学の授業で統計学が出てきたことに驚いた。学習指導要領とは無縁で、中学、高校のレベルを超えた内容を教えている。

「将来、必ず役に立つから勉強しておけ、という。そのときはもちろん、わかりませんが、実際、仕事で役に立っているので、いま思えばありがたかったです」

筑駒生の特徴として「群れない」ということがよく言われる。同期、同窓で一致団結しようという発想がなく、個人プレイ、マイペースを美徳とするという考え方だ。こうした校風について、泉さんは、これでいいのかと疑問に思っていた。

「群れないではなく、群れられない、だと思います。孤高ではなく、コミュニケーション力が低い。いま、群れないといって孤高ぶっている時代ではありません。日本はこれまでの延長線上ではない、非連続的なイノベーションを求められており、そのためにはさまざまな立場の人たちとの協力が避けては通れません。新しいものを生み出すとき、使えるネットワークは使ったほうがいい」

泉さんは、筑駒のネットワークは世界でも有数な価値基盤であり、有機的に生かしてアイデアを出し合い、ビジネスに取り組むべきだと考えている。

「ＯＢは国の内外で産学官の中枢として活躍しています。異なる立場の人同士でも、幼少期の景色を共有できる同窓生というだけでグッと距離が縮まる。せっかく潜在的な価値基盤があるのに使わないのは、社会にとっての損失です。ノブレス・オブリージュ（noblesse oblige）、優秀な人材の集まる国立校という恵まれた環境を与えてもらった者として、社会に恩返しする責任があるはずで、群れないというプライドで食わず嫌いしている場合ではないでしょう」

そこで、泉さんは教駒・筑駒ＯＢによるネットワーク、「コマバクラブ」を発足させた。その趣旨は、「国内トップ級、世界でも有数といえる潜在価値基盤が埋もれてしまっている。そこで、若葉会（同窓会）が潜在的に有する膨大な知見、ネットワーク、信用力を有効に活用し、親睦にとどまらない具体的な価値創造を旨とし、以て我が筑駒を世に問うべきである。期や所属組織を超えた自由・闊達な共創により、母校および在校生、地域社会、日本社会、地球社会への具体的貢献を目指す」――というものだ。筑駒の「自由・闊達の校風のもと、挑戦し、創造し、貢献する生き方をめざす」から、既成の価値観にとらわれずに新しい世界を切り開いて「挑戦」し、柔軟にのびのびとすべてに意欲的に取り組んで「創造」して、その結果として実現したものを、社会に役立てて「貢献」することを掲げた。

こうしたネットワークは「筑駒は群れない」といわれることへのアンチテーゼである。

筑駒が各界に優れた人材を多く送り出しているのにネットワークを作って社会貢献しないのは、日本にとって大きな損失ではないか、と考えるOBは他にもいる。

元・衆議院議員の田村謙治さんもその一人であり、２０２０年、起業家、スタートアップ・ベンチャーで頑張っている若手ＯＢを、先輩が支援するプラットフォームを目指し、「筑駒ＴＵＳＫ会」を立ち上げた。日本の保守的な悪しき旧弊に「牙＝ｔｕｓｋ」をむく、というイメージから名付けられた。初めての準備会合が開かれたときに参加したメンバーの頭文字でもある（以下、現職／主な前職）。

Ｔ＝冨山和彦（79年卒・27期。経営共創基盤グループ会長／ボストン・コンサルティング・グループ）。田中健二（86年卒・34期。ゴードン・ブラザーズ・ジャパン前・社長／ゴールドマン・サックス証券）、田村謙治（86年卒・34期。コンサル・ロビイング／財務省、衆議院議員）

Ｕ＝梅澤高明（81年卒・29期。A.T.カーニー日本法人会長・CIC Japan 会長／日産自動車）

Ｓ＝島本幸治（85年卒・33期。ソシエテ・ジェネラル証券社長／日本興業銀行）、齊藤治彦（85年卒・33期。東京国際コンサルティング・マネージングディレクター／日本銀行）

Ｋ＝可部哲生（81年卒・29期。弁護士、西村あさひ法律事務所／財務省・国税庁長官）、加藤毅（83年卒・31期。日本銀行理事）

このうち筑駒ＴＵＳＫ会の共同代表は冨山さんと梅澤さん、事務局長は島本さん、事務局は田村さんがつとめる。２０２２年には40名規模の懇親会を３回開催。会員は、学者・官僚にも広がり１１０人を超え、錚々たるメンバーが集結してきている。

官僚よりも外資系コンサル

昨今、コンサルタント、起業家、投資家を将来の職業選択の一つとして考える大学生、高校生が増えている。貸借対照表など経営分析に必要なこまかなデータを的確に把握し、戦略を組み立てるためには、速く大量に処理できる能力そして記憶力が求められる。地頭の良さがものをいうといっていい。自分の能力で勝負でき、それが成果で示される。そして、とくに外資系において成果は大きな報酬をもたらし、メディアは「外資系コンサルは20代で大きな仕事を任され１０００万円プレイヤーに」などと喧伝する。就職活動中の学生にすればたいそう魅力的な業界に見える。

実際、それは東京大、早稲田大、慶應義塾大など、難関大の学生の進路にも影響を与えている。かつて東京大法学部、経済学部でもっとも優秀とされていた層は官僚になっていた。ところが、最近10年、東京大の国家公務員総合職（省庁幹部＝キャリア官僚候補生）試験合格者数の減少傾向が見られる。２０１５年から23年まで、４５９人→４３３人→３７２人→３２９人→３０７人→２４９人→２５６人→２１７人→１９３人。

これには国家公務員にやりがいを感じなくなっているのではないかという見方がある。仕事が超多忙で休むひまがない。夜を徹して政治家の国会答弁を書く。場合によっては政治家の尻ぬぐいも必要だ。一方で、政治に関する不祥事が起これば委員会に引っ張り出されてメディア、野党から集中砲火を浴びてしまう。当事者ではないのに対応させられるケースもある。その割に給料は低い。これでは国民を思い、国家のために働こうという気にならないだろう。

東京大の国家公務員総合職試験合格者２０２２年の２１７人は、８年前と比べて半減したが、のこりの半分はどこへ行ったのか。官僚よりもやりがいのある仕事を選んだ。そこにはコンサルタント会社が含まれるとみていい。２０２２年、東京大卒業生の就職先を学部卒で見てみよう（カッコ内は21年）。１位楽天グループ25人（19人）、２位マッキンゼー23人（14人）、大学院卒では１位アクセンチュア44人（33人）、２位日立製作所35人（28人）となっている（「東大新聞オンライン」21年８月29日、22年８月29日から）。マッキンゼー、アクセンチュアに就職した卒業生のなかに筑駒ＯＢがいるかどうかはわからない。だが、現在、両社で活躍する（活躍した）ＯＢがいるのはたしかだ。

筑駒とコンサルタントそして起業は親和性が高いのだろうか。

筑駒の三大行事、とくに文化祭での自身の役割について、「コンサルで求められる資質」（片野さん）、「起業と相性が良い」（泉さん）、「完全に仕事でした」（金田さん）と振り返られている。これらは後付け感が否めないが、文化祭経験は強烈なインパクトとして記憶に刻まれ、筑駒時代を思い起こして、マネジメント、交渉術、人事管理に取り組んだ部分はあるのだろう。

高校自治会がアクセンチュア、マッキンゼーの見学ツアー

筑駒の英語教員だった久保野雅史さん（神奈川大教授）は生徒の能力の高さについてこう評している。

「筑駒生の優秀さは、目標達成のために行うべきタスクの総量を把握することの速さと、それを実行に移すためのスケジュール管理（もちろん、予定通りに進まなかったときの修正・調整も含めて）の力でしょうか。彼らにとっては、文化祭・修学旅行のような学校行事の成功に向けて準備することも、定期試験に備えることも、大学受験も同一線上にあるのではないか、と思います」

筑駒で日本史教員をつとめた増渕徹さん（京都橘大教授）は、生徒一人ひとりの能力の高さが学力以外で示されることに注目している。

「目的に応じて特定の人間を中心にまとまり、集団としての力を組織する練習を日常的に

行っています。自分たちで企画を立て、教員に示し、課題があれば調整して実行する。そんな見事な生徒集団が形成され、文化祭などの行事が行われます」

組織を動かす能力とセンスは、生徒任せの「自由闊達」という伝統的な校風によって植え付けられたと言えるかもしれない。

こうしたOBの仕事ぶりは筑駒の現役生にも伝わっている。

2019年、高校自治会が筑駒OB職場見学ツアー（4社2コース）を開催した。Aコース（ウェルスナビ、マッキンゼー・アンド・カンパニー日本支社）、Bコース（アクセンチュア、商船三井）に分かれて見学した。

Aコースのウェルスナビはロボアドバイザーによる個人資産運用を業務としており、同社社長の柴山和久さん（96年卒・44期）は、財務省、マッキンゼー勤務を経て独立した。柴山さんは筑駒生たちに知識、スキル、リーダーシップの必要性を説いた。また、マッキンゼーでは同社勤務の筑駒OB6人からレクチャーを受けた。

Bコースのアクセンチュアでは同社勤務の筑駒OBからコンサルタントという職種について説明を聞いた。商船三井の社長（現在は会長）はOBの池田潤一郎さん（75年卒・23期）。訪問日は池田さんに会えなかったが、同社の安全運航支援センターを見学している。

このときマッキンゼーを訪問した高校1年生は同窓会誌でこう語っている。

「世界中から集まった多様なバックグラウンドをもつコンサルタントが知見や専門性を総動員してインパクトを実現していけることが強みであると伺いました。フィードバックを素直に受け入れみるみる成長していくことのできる人材が求められているとのこと。何事にも真摯に向き合って課題を解決していく姿勢を忘れてはならないと思いました」(「若葉会会報」86号、2020年)

高校時代、外資系コンサルタント会社で企業経営をサポートするOBからレクチャーを受ける経験は、他校ではあまり見られないだろう。コンサルタント会社勤務のOB(1990年代卒)が筑駒生に講義をしたとき、ヘッジファンドについて詳しく聞かれたという。このOBが在学中、ヘッジファンドを語る同級生はいなかった。なるほど、かつて大蔵省や外務省など官僚の仕事をよく知る筑駒生がいた。いまはそれが「外資系コンサル」に代わったということか。その時々での、優秀な人材が進むと言われる業種に関する情報感度の高さは、OBの存在が大きい。筑駒のいまを語る上で、大きなポイントである。

外資系企業に対する関心の高さについて、自分の能力が存分に発揮されるという点で歓迎するOBがいる。「才能が生かされる分野で活躍するのは本人のためでもあるから」と喜ぶ。一方で、外資系企業志向が強まり、さらなる官僚離れを起こすことを憂えるOBもいる。「流行に飛びついて金儲けで将来を考えないで、国や社会のためにつくしてほしい」と望む。

それぞれの生き方に注文は付けられない。ただ、金儲けだけに走るのは筑駒らしからぬことではないか。次章で詳述するが、筑駒教育の歴史といまを見つめると、金儲けより社会のために何ができるかを説き続けてきたことがわかる。

筑駒という天才、秀才が集まった学校から、どのようなかたちであれ、わたしたちを幸せにするような人材を送り出してほしい。

第2章

「自由闊達」の正体

筑駒教育の真髄を探る

大学受験に力を入れている学校は高校2年までに高校の課程をすべて修了して、高校3年のときには東京大入試向けの授業をしっかり行っている。つまり、高3は予備校1年間のようなもの――。

東京大合格者数上位校についてこのように語られることがある。実際、灘、開成などでは授業の先取りが行われる。だからといって予備校のように大学受験に特化した内容ではない。

筑駒ではいま先取りを行っていない。

では、どんな授業が行われているのか。

ここに「筑駒白書2022」という小冊子がある。2022年、筑駒の文化祭で高校生徒自治会役員会が制作したもので、授業の特徴をこう記している。

「多くの授業では、必ずしも教科書には従わず、先生自作の資料やワークシート形式のプリントに沿って進められます。その先生独自の考え方で、多種多様な、特色のある授業が展開されています。（略）授業は常に教科書の先を行きます。ある授業は高校範囲を超えて大学範囲にまで、ある授業では与えられた課題をもとに丸1時間ディベート、そしてまたある授業では自ら物語を創作、数え切れないほどの独創的な授業を体験することができるのです」

筑駒では教科ごとに教育目標を定めており、こまかな内容は教員の裁量に任されている。これは開学以来の伝統といえる。

教駒・筑駒70年以上の歴史において、どのような教育が行われてきたか。授業を受けたOBの体験談をまとめてみた。「自ら物語を創作、数え切れないほどの独創的な授業」が次々と出てくる。「自由闊達」のなせる業だが、そこが筑駒のセールスポイント、いや生命線といっていい。

師であり友であり兄のような存在

本章ではOBたちがいかなる教育を受けたか、どのような教員とめぐり合ったかについて、教駒・筑駒の歴史をたどりながらまとめてみた。ここからいまの筑駒教育の核心を読み取ることができよう。

開校当初の話を知りたい。建築士の高田光雄さん（53年卒・1期）は開校時の入学者だ。こう振り返る。

「授業は、教科書中心ではなく、先生が教育内容を模索したのでしょう。ありきたりの座学でないものをていねいに教えてくれました。精神的にものごとを伝える、という感じでした」

筑駒教育の原点といえる。「教科書中心ではなく」「ありきたりの座学でない」スタイルは、2020年代の筑駒教育に連綿と引き継がれているからだ。

草創期の話を続ける。高田さんが印象に残っている教員をあげてくれた。

国語の丸尾芳男先生は、前職の旧制日本中学で培った「知識偏重でなく人間形成のため自分を厳しく律する」という教えを生かそうとした。高田さんはのちに建築士として活躍するが、それは丸尾先生の指導とそのネットワークが大きい、という。

英語の晴山数二先生が読み上げるO・ヘンリーの「一葉の蔦」は感動的だったという。技術・工芸の佐野清先生は「ケルネル田圃」を教駒・筑駒教育で生かすために中心的な役割を果たした。

「師であり友であり兄のような存在でした。佐野先生の教えによって、食は農にある、農なくして食はなし、飽食の時代にあってこそいま、飢餓にあえぐ子どもたちに対する思いを深くすることを農業体験、実習で学びました」

「ケルネル田圃」とは、1881(明治14)年、駒場農学校のドイツ人教師オスカー・ケルネルが土壌や肥料研究など近代農学を日本に伝えたことに由来する。駒場農学校はその後、現在の東京大農学部、筑波大生命環境学群生物資源学類、東京農工大農学部などに派生した。このなかで筑波大生命環境学群の前身、東京教育大農学部、さらに東京農業教育専門学校の附属校である駒場中学高校が、筑駒のルーツ校である。

筑駒ではいまでも「ケルネル田圃」での水田学習がカリキュラムに組まれて、中学1年生と高校1年生の必須科目となっている。

庄司元さん（59年卒・7期）が授業で印象に残っているのは、自分の考えを率直に示す社会科教員である。

「唯物史観を採り入れて教えていたが、内容はおもしろく生徒から人気がありました」

国語科教員からの教えはいまにつながっている。

「文章の大意をまとめなさいと盛んに言われました。本を読むとは全体を理解することだという教えです。これは大学に入ってから、そして社会に出て仕事をしてから役立ちました。チャールズ・ディケンズの『オリヴァー・ツイスト』を一生懸命読み、大意をまとめる練習をしたのを覚えています」

ワトソンとクリック、ディケンズ、O・ヘンリー

衆議院議員で衆議院議長も務めた細田博之さん（63年卒・11期　2023年11月10日逝去）

をたずねた。次のように振り返る。

「今でいう中高一貫教育のはじまりで、カリキュラムを弾力的に運用していました。数学は高校の過程を1年以上はやく終えて、大学受験を早めに準備できました。わたしたちが中学に入学した1957年、ワトソン、クリックによるDNA、RNAの発見に関する話を生物の授業でいち早く取り上げていました。この時代、中学生で生物はDNAが遺伝的な作用をもたらすということを学んだのはわたしたちだけでしょう」

校外学習の「ケルネル田圃」で田植えに精を出したことも強く印象に残っている。

細田さんの話を続けよう。

「選挙で農村地帯へ遊説に行くとき、田植えや稲刈りを中学・高校で経験したというと、みんなびっくりして親近感をもってくれます。教駒で教えてもらったおかげです」

山本裕さん（65年卒・13期）が教駒に通学中、最寄り駅は、井の頭線東大前駅だった。山本さんが卒業した1965年、東大前駅は駒場駅と統合して、現在の駒場東大前駅になる。東大前駅は1951年まで一高前駅と名乗っていた。東京大駒場キャンパスには、旧教育制度時代の旧制第一高等学校が建っていたからだ。旧制高校の名残が教駒・筑駒にあるのでは、と山本さんはみている。

「教養主義的な内容を教えていました。旧制一高の影響を受けていると思います。一方で、選んで育て上げるという発想はない。先生よりも生徒のほうがレベルは上、という思いも先生、生徒どちらにもあったかもしれません」

1950年代、教駒ではチャールズ・ディケンズ、O・ヘンリーの文学がテキストになる教養主義的な側面を見せる。そしてジェイムズ・ワトソン、フランシス・クリックによってDNAの二重らせん構造が解き明かされた。高校の指導要領、大学入試対策より、教養主義、高度な専門性を優先させた感があり、他の学校とはひと味もふた味も違っていた。

受験勉強もマイペースでガリ勉を馬鹿にする

教養主義、高度な専門性を教える教育は1960年代になっても変わらない。教員の個性がもっと出ていたといっていい。この時代、大学進学率が高まり、全国的に多くの進学校では受験対策に力を入れるようになった。「受験地獄」「受験戦争」という言葉がメディアを賑わせるようになる。しかし、教駒の教員は受験に特化した教育には関心がなかった。

元・三井物産勤務の藤井純さん（68年卒・16期）は教駒へ入学したときの衝撃を忘れられない。小学校まで1番の連中ばかりの環境である。

「世の中、こんなに頭がいいのがいるのかと驚きました。そして先生もすごかった。「世間で常識と言われていることを疑ってかかりなさい、いま、常識でも将来、変わる可能性があり、自分で考えなさい」と盛んにおっしゃっていたのが、印象的でした」

自由闊達という校風がすみずみまで行き渡っていたように見えた。制服で来ない人もいた。

「生徒が「先生、それおかしいと思います」と言うことも結構あり、先生もそれに反発しないで受け入れる。多様性を認めていました。受験勉強もマイペースでガリ勉を馬鹿にする。先生も「受験については友だちと情報交換しなさい」と任せっきりでした」

結核予防会理事長の尾身茂さん（69年卒・17期）は教員をこう見ていた。

「先生の仕事をやるというより、自分の生き方を貫いて授業に取り組んでいるように見えました。学校で学問の本質を伝えようとして、受験テクニックを教える発想はまったくない。受験勉強はいざとなったらやるだろうと、生徒を信頼していました」

衆議院議員の笠井亮さん（71年卒・19期）はこう話す。

「教駒の先生は真実を探求する。物事を固定的に見ない考え方を培ってくれました。われわれ生徒と同じ目線で対等に接していました」

教駒の校風についてはこう語る。

「学校全体を貫く自由、それを謳歌できました。学習指導要領にとらわれず、その先生にとって最先端の研究分野を授業に採り入れていました」

作家の四方田犬彦さん(71年卒・19期)にとって忘れられない社会科教員がいる。高校3年2学期の定期試験で「近代ヨーロッパ史で生じたもっとも重要な事件について自由に記せ」が出題された。フランス革命、産業革命が模範解答になるだろうが、四方田さんはサド侯爵のバスティーユ獄舎からの解放(1789年)を論じてしまう。澁澤龍彦に影響されてのことだった。

「サド侯爵に関連して、人間の快楽と権力の認識について重要性をまとめたら、答案用紙で最高評価のAをつけてくれました。おまけに「背意性交」という誤記を「背位性交」と直してくれたのです。自分が認められ、うれしかったですね」

受験勉強したければ、わたしは代ゼミで教えているからそこに来なさい

弁護士の三村量一さん(73年卒・21期)は、授業では受験という型にはめず個性を尊重してくれた、と振り返る。生物では、『コーン・スタンプ生化学』という大学で使う専門書を副読本として授業を進め、DNA抽出の実験を行っていた。日本史では1年間、自由民権運動を論じていた。

「受験勉強は外で勝手にやってくれ、という雰囲気でした。学校の成績で競いあうという感じはなく、教駒なら成績半ばぐらいでも東大に行けると言われ、受験勉強で追い込まれ

もしなかった。気持ちがたいへん楽でした」

世田谷パブリックシアター館長の高萩宏さん（72年卒・20期）は教駒高校に入学した時、驚くことばかりだったという。授業はむずかしかった。とくに数学は高校レベルを超えていた。

「数学はまったく理解できず、とくに2年生の時は0点ばかり。小中学校まで成績が良かったのでコンプレックスを抱き、先生に「ほかの学校に移りたい」と相談したぐらいです」

教員は高萩さんを慰留する。気をとり直して彼なりの教駒生活を始めた。当時、芥川賞受賞作でベストセラーとなった『赤頭巾ちゃん気をつけて』の世界に見えたそうだ。

「勉強してないと言いながら隠れて勉強することはない。勉強する人は「こんなに勉強しているぞ」と隠さない、という雰囲気でした」

演出家で静岡県舞台芸術センター芸術総監督の宮城聰さん（77年卒・25期）は、教駒の教員には2パターンがあったと振り返る。一つは頭の切れる若手中堅の教員で最先端の研究分野を教えていた。もう一つは東京農業教育専門学校附属中学校時代から教えていたベテランでのんびり教えていた。

「受験勉強は学校で習うものではない。学校の授業はいかに楽しむか、どれだけ笑えるか、でした。とくにのんびりした先生の授業をおもしろがり、受験に役立たないから出席しないというわけでもなかった。学校全体が東大合格者数を増やすとかの効用を求めない、田園的な時間でした」

のんびりした教員にすれば生徒一人ひとりがのびのびしているのを見て喜んでいるようだった。

「先生から愛されているという感覚があった。人をまるごと認める、ダメなことをしても許す、おもしろがるという感覚です。その人の考え、能力とは別に、その人を受け入れられるか。「きみはここにいていいよ」という気持ちです。これは演劇にとっていちばん大事なことです。進学校にもかかわらず、教駒ではそんな体験ができ、貴重な時間でした」

京都大名誉教授の鎌田浩毅さん（74年卒・22期）は、教駒時代を「教養であふれていた」と振り返る。日本史では毎回、外交官の青木周蔵の自伝（東洋文庫）を使って講義を行っていた。

「青木が条約改正でいかにがんばったかを語り、生きた歴史を教えてくれました。授業は非常におもしろく、その後、わたしは青木の生家を訪ねるぐらい魅了された。でも、文系の受験生は青木以外何も教えてもらえなかったので、自習せざるを得なかった。この先生はそれも承知で「東大受験するやつはこれこれの参考書を使いなさい。受験勉強したければ、わたしは代ゼミで教えているからそこに来なさい」と言うのです。すごい学校でした」

『共同体の基礎理論』『プロテスタンティズムの倫理と資本主義の精神』

1970年代、80年代、教駒生の多くは、世界史の授業で『共同体の基礎理論』(大塚久雄、岩波書店)の洗礼を受けており、難解な学術書に挑戦した。世界史の学びは山川出版社の教科書よりも大塚久雄だったのである。

石坂浩一さん(77年卒・25期)は在学中、これを読んだおかげで、東京大に進んでから、世界史を研究するにあたって、歴史総体を理解する上で役立ったという。東京工業大副学長、教授の上田紀行さん(77年卒・25期)は、さらにマックス・ウェーバーの『プロテスタンティズムの倫理と資本主義の精神』の解説書を読んでいる。

法政大教授で政治学者の杉田敦さん(78年卒・26期)は、大学時代以降よりも教駒在学中のほうが本を読んでいたのでは、と述懐する。『共同体の基礎理論』そして、やはり大塚久雄の『近代欧州経済史序説』の解説は受験とはおよそかけ離れたものだが、将来に役立った。

「大塚史学はいまにして思えば標準的ではありませんが、一つの学説を前面に押し出した内容に初めて触れることができ、大学の授業を先取りしていました。大学で学ぶイメージも抱けたわけです」

参議院議員で日本共産党書記局長の小池晃さん（79年卒・27期）には印象に残っている授業がある。

「世界史ではフランス革命を徹底的に学び、倫理社会ではユーゴスラビアの自主管理社会主義を取り上げられ、こんな社会主義があるのかと驚きました。一方的に教えられるというより、一緒に考えるというスタイルです」

防衛大学校教授の神谷万丈さん（81年卒・29期）は、教員に驚かされるばかりだった。理科の授業で教員が自己紹介もせず、黒板にいきなり細胞の絵を描き始めた。リボソームとかミトコンドリアとか神谷さんにすれば、呪文のような用語を連発し、生徒に口をはさませない。「生物とはこんなもの」と話す。高校の参考書をみても理解できなかった。世界史では「ヨーロッパ人はギリシア文化に起源を求めるがそこにイスラムが入っている」と話す。いずれも中学1年の最初の授業である。

「これが国立大学附属校の実験授業なのでしょう。中学生なのに高校の参考書を買っても追いつきませんでした。いきなりびっくりさせて、ものを考えさせる、そんな授業スタイルです。生徒もそれがだんだんわかってきて、良い先生でなければ認めない、まともに相手にしない、という雰囲気はありました」

世界史の最初の試験は何でも持ち込み可なので、安閑と構えていたら、いくら書いても終わらなかった。

「赤旗」にそった内容を教える授業も

日本テレビでドラマ制作担当のディレクター、岩本仁志さん（83年卒・31期）が印象に残っているのは美術、数学の教員だった。美術科の教員は生徒にデッサンをさせているとき、マリー・アントワネットがギロチンで処刑されたときの話をこまかくする。数学科の教員は二進法、コンピュータの話ばかりだった。こう振り返る。

「筑駒6年間はほったらかしにされました。自分になにが向いているか、どの分野ならば勝負できるか、を考えさせる学校で先生はだれも勉強しろとはいわなかった」

東京大教授の小国喜弘さん（85年卒・33期）は、東京大入学後、友人などから聞いた話で驚いたことがある。

「学校では教員は威圧的である、子ども扱いする、教科書を教える、この3つです。筑駒にはどれもなかったことで戸惑いました。筑駒は議論できる自由を確保すれば、先生はそれを邪魔しない学校でした」

筑駒のある教員がこんな話をしたことがあった。

「生徒が自分たちよりも優れていることがわかるから、対等につき合わざるを得ない」

小国さんは違和感を抱くと同時になるほどとも思った。本来、だれに対しても敬い、対等に付き合うべきではないのか。優秀かどうかで、付き合い方は決まるものではない、と。逆にいうと、筑駒は、生徒が目に見えて優秀で生徒を尊敬することが容易という点で、教師本来の仕事がやりやすい職場かもしれないとも思った。

社会科のある教員はマルクス主義を信奉していた。組合費で「赤旗」をとらせ、授業は「赤旗」にそった内容を教える。自衛隊は違憲であり、教科書はうそばっかり書いている、と話す。

「みんな聞き流していましたが、わたしは、その先生から生活保護の問題を教えてもらいました。目が開かれた部分があります。筑駒生のようなエリートに必要なことを教えたかったのでしょう」

体育科教員は生徒が言うことを聞かないとモノサシではなく手で殴ることがあった。自分の手を痛めたいと考えたからだ。あるとき、小国さんにこんな話をした。「おれ、君のことが夢枕に出てくるんだけど、何かを悪いことをしたのかなあ」

小国さんは感動した。こんな人間的な人がいるのか。

教員は研究心旺盛で個性の強い、言いかえればアクが強い

ＯＢたちは教員がどれだけ個性的だったか、魅力があったかを述懐する。教員以上に生徒は個性があり我が強い。教員からすれば手を焼くこともしばしばあり、たいへんだっただろう。だが、教員は生徒の満足度を高めるためにさまざまな工夫をした。一方、国立学校の存続が問われたとき、新しい施策を打ち出している。

教員に話を聞いてみた。

井上正允さんは１９８６年、公立中学校から赴任し数学を担当する。いきなり高校1年の担任を任された。内部進学の生徒から教員をどこか値踏みするような冷めた視線を受けたことは忘れられない。トップクラスの進学校である。青白い、頭でっかちの生徒と思いきや、傍若無人な態度、授業でのうるささ、行儀の悪さなどを体験する。だが、その一方で底力を知る。

「生徒が知ることに対して興味や関心が深い。また、文化祭など行事への取り組みは見事で質が高いものを作り上げます。教員は研究心旺盛で個性の強い、言いかえればアクが強く、教育現場で共通理解や同一歩調を求める公立学校ではお目にかかれないことでした」

それは筑駒の自由闊達さに起因するものだが、井上さんはこうみていた。

「先生たちは自由な雰囲気のなか、ものすごく熱心に教える。でもそれは学校が先生に求

めているのではなくて、先生と子どもの関係において熱心さが要求される雰囲気はありました。だから教科書をていねいに解説する授業は、生徒からいちばん忌み嫌われていたのです。その先生が自分なりの専門性を持っていて、これらをどれだけ生徒を説得させるように教えるかが、求められました」

しかし、制度としていい加減なところがあったと振り返る。

「中高の6年間で生徒をどう育てるかについて、考える人はあまりいませんでした」

それゆえ、1980〜90年代、統廃合、民営化の問題が起こったとき、筑駒は方向性を示さなければならなかった。そこでSSH（スーパーサイエンスハイスクール：文部科学省が先進的な理数教育を行う学校を指定。これらの学校は科学技術振興機構から、教育、研究に必要な物品、講師派遣などの経費を受け取る）の募集に名乗りをあげた。

「教員から国に身を売る気かと批判されましたが、そんなことは言っていられる状況じゃないでしょう、ということで、応募したら通ってしまい、2002年から続いているわけです」

SSHによって、筑波大との連携を深めることになった。理数系分野だけではなく、人文社会、体育など全校、全教科に広げて、筑波大の研究室訪問が可能になった。

「いろんな反対を押し切りながら、筑波大との連携を強化し、いままでは大学と附属の関係はものすごく密になりました。一方で、SSHの予算を使って著名な卒業生を呼んで講演してもらう機会がずいぶん増えました。これは筑駒にとって大きな財産だと思います」

1970年代後半に東京教育大学附属が筑波大附属に変わったときの「反筑波」意識は、教員の代替わりによってかなり薄らいだようだ。2000年代以降は筑波大アレルギーはほとんどなくなる。

1980年代になって、保護者から受験に力を入れるように、という要望がでるようになった。だからといって受験特化型のカリキュラムにはならなかった。井上さんは続ける。

「中高一貫の6年だから、中3で高1の中身を教える発想はありませんでした。生徒が興味を持って動き出せば、生徒同士でお互い影響を受けながら、いろいろな価値観や個性が混じり合って、学ぶ範囲は広がっていきます。わたしたち教員が教えられることなど米粒みたいなものですから。わたしは大学受験でどれだけ送り込むかが最終ゴールになるような学校はダメだと思います」

このころから中学受験で成績トップ層の筑駒第1志望が増え、開成と両方合格した場合、筑駒を選ぶ受験生がかなり多くなった。井上さんは中学受験ですり込まれた競争観、効率主義、結果主義、個人主義で凝り固まった頭をほぐす必要性を痛感した。「自分くずし」「自分づくり」と呼んでいる。

「自分は何を生業とすべきか。自分の出番はどこかをじっくり時間をかけて探す。悩み、苦しんで生み出したものでなければ本物にはならない。このことの大切さを生徒にも保護者にも説き続けることが重要です」

井上さんは1999年、副校長に就任する。2005年、筑駒を離れ佐賀大学教授となった。

どこから歴史をみるかで評価は変わるもの

1980年代に社会科を担当した増渕徹さんをたずねた。増渕さんは1982年に就任し89年までつとめていた。前出の小国さんを教えている。

増渕さんは筑駒に来たとき、特定の専門分野で相当なレベルの知識や技能をもつ生徒がいる。そして彼らは知的欲求が強い、と認識する。そこで、生徒の知的好奇心を満たし、授業満足度を高めるために、次のことを念頭に授業をした。

①学界の新しい研究動向をふまえる。赴任したころ、中世前期の研究が盛んな時期だったが、新しい学術書、論文へのアクセスを忘れない。

②教科書で示された見方だけではなく、さまざまな見方を提示する。最新研究の動向を意識させる。

③教科書をふまえてオリジナルのテーマを設定。それをまとめたプリントを使って新たなテーマを論理的に組み直す。

増渕さんが心がけていたことがある。

「違う意見をいちがいに否定しない。ああいう判断でもこういう判断でもいい。どこから歴史をみるかで評価は変わるものということを意識させました」

たとえば、鎌倉幕府の成立はいつかと聞けば、A君は「1192年」と言う。「なぜか」と聞くと、「源頼朝が征夷大将軍になったから」と答える。しかし、別の生徒からこんな意見が出た。

B君…「守護と地頭を任命する権利をもったのは1185年だから、そこでも鎌倉政権成立はいいじゃないか」

C君…「実質、幕府成立は鎌倉占拠で関東を支配した1180年でもいい」

D君…「平家や奥州藤原氏のような有力な対抗勢力が存在するならば唯一の武家政権とはいえない」

E君…「頼朝はそのあとで征夷大将軍を辞めたので、このとき幕府はなくなるのか。そんなことないだろう」

生徒はよく知っている。そこで、増渕さんは授業をこう進めた。

「武士とは何か。武士と御家人はどう違うか。守護と地頭とは何か。承久の乱はどうして起こったか。それで歴史はどのように変わったか、などを問いかけました。その後、いろいろ調べさせ意見を発表させたら、授業が盛り上がりましたし、その延長で鎌倉時代の授業が終わってしまいました」

増渕さんは定期試験で次のような出題をした。

中世の絵巻物の絵を2つ、12世紀前半の作品、12世紀後半の作品を示し、2つの絵が描かれた時期にどんな社会の変化があったかを説明しなさい、と問うたのである。これは歴史学者、義江彰夫氏の新しい研究成果を援用したものだった。

「鎌倉幕府が成立」という解答が多い。だが点を与えなかった。

「鎌倉幕府ができたのが絵からわかるのか。2枚の絵はどう違うのか、社会にどんな変化が起きたかを書かないと、君らが考えたことにはならない、と話しました」

その直後、保護者会で同じ問題を示して、こう話した。

「さすがに筑駒の生徒は知識が多い。年代からすぐに「鎌倉幕府」と書く生徒がいる。でも、筑駒ではそういうお子さんはいりません。頭でっかちの知識ではなく、材料から変化を考える子どもを育てたいのです」

このとき、増渕さんは保護者から戸惑うような視線をあびたという。

筑駒の同僚教員については、増渕さんはこう話している。

「学問を意識されて教える先生が多かったと思います。教科書の知識をふまえながら、その上のレベルをそれと関連づけていました。また、他の教科の知識とどこで交差するのかを意識し、ときどき教員同士で議論していました」

これでは生意気な生徒も太刀打ちできない。

「東大に入れ」というプレッシャーはなく、居心地は良かった

OBたちの筑駒体験に話を戻そう。

フリーライターの近藤雄生さん（95年卒・43期）は、理系ライター集団「チーム・パスカル」に所属し、宇宙、相対性理論、ロケットなどについてわかりやすく解説・執筆している。東京大大学院で環境海洋工学を専攻しており、環境問題にも強い。近藤さんは自然科学系の研究者をめざし、筑駒では数学、物理、化学の勉強に力を入れていた。

「数学の授業はむずかしく、逆に、ついていけば大学に合格できる、という安心感はありました。化学はのんびり進めており、これでは最後まで終わらないという感じでしたが、その辺りは塾に行ってカバーしていました。授業は全体的に教養的な内容が多かった印象で、受験勉強は鉄緑会などに頼っていました」

筑駒生の学力が測られる校内模試「特別考査」で50番以内であれば東京大合格圏内と言われた。近藤さんの成績は悪くなく、不安はなかった。在学中、模試で東京大合格のA判定を連発したが、現役合格はかなわず、駿台予備学校へ通う。

「受験に対しては、好きにしなさいという雰囲気でゆるやかでした。「東大に入れ」というプレッシャーはなく、居心地は良かった」

学校での日常生活も楽しかった。

「生きていく上でこうしなければいけない、将来に向けてレールが敷かれていて次はこっちに進もう、という教えはいっさいなかった。いま、大学で教えていると、学生は、「次はこのセミナーへ」「次はインターンを」と、次々と決められたイベントを提示され、それに追われる印象があります。時代のせいか、校風なのか、筑駒ではそういう決めごとがいっさいなく、自由に過ごすことができました」

衆議院議員の鈴木隼人さん（96年卒・44期）は社会科の授業で『エビと日本人』（村井吉敬）を読まされたときの驚きをいまでも覚えている。

「意味がわからなかったけど、切り口の斬新さにはすごいものがあります。歴史、社会のあり方を教科書的な流れではなく、多面的に身につけてほしい、と思ったのでしょう」

受験はやればできる。好きなことを学びなさい

衆議院議員の山岸一生さん（00年卒・48期）は、中学受験する前、学校見学として文化祭に出かけたところ、あまりの自由さ、フレンドリーさに惹かれて筑駒を選んだ。

入学まもないオリエンテーションで「自由と責任は表裏一体、指示に従うことから自分で決められるようになりなさい」と言われ、不安と戸惑いをおぼえつつも、一方で期待にワクワクした。

印象に残る授業についてこう話す。

「社会科では網野善彦さんの『日本社会の歴史』を使って、権力構造を教えてくれました。用語、年号を覚えるより、歴史を俯瞰し、その時代に生きた人たちの息づかいを伝えたかったのでしょう」

国際大准教授の山口真一さん（05年卒・53期）は教員についてこう話す。

「学力によって差をつけず、進学校なのに成績について過剰にいう先生はいませんでした」

金田雄介さん（07年卒・55期）には印象に残っている数学科教員がいる。「受験はやればできる。好きなことを学びなさい」と繰り返し語っていた。

「人間は無限をつかめる。それを追究するのが数学であることを教えてくれました。数式を使わないで微積分の解き方を解説し、知的好奇心を満たしてくれました。早回しではない数学を学びました」

ふだんの授業内容についてはこう話す。

「受験準備は徹底してなにもやらない、8割は学びたいことを学ばせるスタイルで、大学レベルの生物、物理を教えてくれました。しかし、生徒の8割は塾に通っており、その多くは鉄緑会に通っていました。鉄緑会は詰め込み教育で宿題が多く、知的好奇心を伸ばす筑駒の授業とは対極にあります。わたしは鉄緑会がおもしろくなく、ほかの塾に行っていました」

中学2年の校外学習で東京都内、中学3年の修学旅行では岩手県内、高校2年の修学旅行は京都、奈良をまわった。その際、どこで何をするかは、教員からのお膳立てではなく、生徒に任せられている。金田さんは旅行委員を任された。生徒にテーマを設定してもらい調査計画を立てた。インタビュー相手、質問内容を決める。もちろん、アポイントメントはすべて生徒がとった。

教員によっては学級崩壊

校外学習を思い出深く語るOBは多い。

「SHIMOKITA COLLEGE」の河合道雄さん（09年卒・57期）もその一人だ。中学2年のとき、東京地域研究に取り組んだ。グループに分かれて生徒が自由にテーマを設定し関係機関に取材して、自分たちの考えを報告書にまとめる。河合さんは医療がテーマのドラマ「救命病棟24時」に触発され、地震に備えた防災の取り組みや、医療などにおける緊急事態への対応を知りたいと思い、墨田区役所の防災担当者や地域の拠点病院の医師に会いに行った。

「トリアージなど緊急時の医療の困難さや、古くからの建造物が残る墨田区ならではの防災施策のむずかしさを知り、社会の課題に対するまなざしが養われました」

社会科の授業では公害、水俣病の話も強く印象に残っている。

「このような課題に向き合って、社会貢献してほしいというメッセージだったのでしょう」

出版社勤務の吉川裕嗣さん（12年卒・60期）が印象に残っているのは、国語の授業だ。中学1年でヘルマン・ヘッセの「少年の日の思い出」を読まされたところ、「少年はさまざまな経験をして成長する、終わり」といった、中学入試の問題を解くような解釈しかできなかった。その国語科教員は部分的に現れる矛盾をついてくる。テキストと向き合う読み方を教えてくれた。また、地理は現代の社会問題を扱う内容だった。水俣病の問題を学び、鎌田慧の『自動車絶望工場』を読んで、中学生ながら大きな衝撃を受けた。

「好奇心が満たされる授業なので、毎回、楽しみでした。いま思い起こすと、反権威という気はするが、それを表に出しているわけではなかった。なにごとにおいても自分で考えなさい、という姿勢でした」

教科書をほとんど使わなかった。用意したプリントで授業していた。受験に直結するような授業は高校3年になってから、日本史、世界史、英語の授業で東大入試に近いものを少し解くぐらいだった。生徒の半分以上は鉄緑会で勉強している。宿題がやたら多く、みんなヒーヒーいいながらこなしていた。吉川さんはへそ曲がりのところがあり、鉄緑会には近づかず、Z会の教室に通っていた。

「どの授業も受験用には塾で勉強するという暗黙のコンセンサスがありました。学校の授業は別物で受験とは関係ないという考え方です」

満足度が高くない授業もある。

「教員によっては学級崩壊がおこりました。中3、高校1は生意気盛りなので、おもしろくないとなめてかかるのです。とくに英語、数学に顕著でした。授業中に任天堂のDSをやっていたり、鉄緑会の宿題を解いたりなどです」

筑駒の卒業生はやさしい英語で上手に話せる

筑駒で英語を教えていた久保野雅史さんは、1987年に神奈川県立外語短大付属高校（現・横浜国際高校）から移ってきた。2008年までの21年間、教壇に立っていた筑駒では生徒を飽きさせず満足度が高い授業をするよう心がけた。その代表的なものは、英語を学んだ成果を試す場であるスピーチ、プレゼンテーションの機会を毎学期設定することである。

「教科書の中身を自分のことばのように話せることを徹底しました。理解力の高い生徒たちなので、教科書の内容や文法・語彙は短時間で理解できます。しかし相手に伝わるように発音・抑揚等にも気をつけて教科書の内容を語れるようになるのは、簡単なことではありません。地道な努力が必要となります。ですから、一部の進学校が行っているように、高校1年の学習内容を中学3年で学ぶような前倒しを行わなくても生徒たちが飽きることはありませんでした。練習してうまくなることが、うれしい。座学ではなく実技なので授業が盛り上がるのです」

発表会を「試合」、音読の練習を「筋トレ」と考えて授業をつくった。

「スポーツや音楽の練習のイメージです。卓球で強いサーブを打てる。ピアノを弾けるようになる。学年や学期のはじめに先輩たちが英語で発表するビデオを見せ、地道な練習の成果を具体的に示しました」

基礎をしっかり身につけさせるために復習を重視する。教科書を着実に自分のものとすれば、平易な英語を駆使して言いたいことを表現することができる。このような自信を生徒たちにつけさせたかった、と久保野さんは振り返る。

「灘や開成の卒業生のほうがむずかしい単語を多く知っているが、筑駒の卒業生の方がやさしい英語で上手に話せる、と東京大学の先生に言われたこともあります」

筑駒生の授業態度はどうだったのだろうか。自分たちの力を伸ばしてくれると判断した授業には真剣に取り組み、受験問題の演習のような小手先の授業に対しては、「塾や予備校ではできない授業を学校ではやってほしい」と厳しいコメントをすることもあったという。

実際、教える中身に満足しない生徒はいる。ヘタすれば授業は成り立たなくなる。

「授業崩壊は、学力の高い層が教員の授業を小馬鹿にするところから始まります。生徒が塾に通うことを阻止はできませんが、塾で学んで前倒しの知識がある生徒たちが授業をかきまわすようなことにはならないよう努力しました」

学校は、大学入試を目的とした塾とは違う、このあたりをどう生徒に訴えたらいいか。

「中高一貫校を対象にした塾の中には、中学生のうちから大学入試センター試験（現在の大学入学共通テスト）の過去問演習を繰り返すようなところもあるようです。しかし、大学入試は途中経過です。本当に重要なのは大学で何を学び、世の中のどの分野で貢献できる力を身につけるかでしょう。塾の宿題を片付けるための内職をしていたらもったいない、と思われるような授業を目指していました」

久保野さんは神奈川大学の教員となり、英語教員の養成に関わっている。また、学外でも英語教育の専門家としてさまざまな提言を行い、最近では都立高校の英語スピーキングテスト導入に反対を訴えている。

秋葉原事件を起点にオウム真理教、最後はパリの同時テロ

国家公務員の田原大嗣さん（16年卒・64期）はこう見ている。筑駒では「頭の回転が速すぎる」生徒に教科書どおりのことを教えても、すぐに理解して飽きてしまう。教員はそれをよく知っており、授業ではオリジナル教材を使って、視野を広げようとする。

「教員が自分のすべてを教えるという感じでした。中1の1学期まるまる全部使って三平方の定理証明をずっとやっていました。全部で50個くらいの方法があるけど、意味はほとんど不明でした。社会科では秋葉原事件を起点にオウム真理教など宗教の話に流れ着いて、そこから聖書を読んで、最後はパリの同時テロに流れ着く。一貫性がまったくないけど、おもしろかった。物事を俯瞰して見るようにと教えたかったのでしょう」

笹沼颯太さん（18年卒・66期）にも印象に残る授業がいくつかあった。

中学入学時、数学で三平方の定理を学んだが、1学期は「あの式を証明しなさい」と言われ、ひたすら証明を繰り返した。二十何通りぐらいは考えただろう。おもしろかった。

理科では生物のサンプルを分析することになったが、そのためには難解な統計学が必要になる。

「高校の数学で統計は習わない。それでも授業で扱いました。大学入試とは関係ないので、聞く人がいてもいなくてもいい、その後、なにかに役立てばいい、学問が楽しければいい、という考え方だったようです。興味がある生徒をぐいぐい引っ張って進めていきました」

東京大大学院生、益子遼祐さん（19年卒・67期）は、折り紙作家として知られている。筑駒在学中、折り紙研究会で腕を磨いた。

筑駒で受けた授業のほとんどは受験にとらわれないスタイルだった。益子さんは、東大に入ってから、それがとても良かったのだとわかったと振り返る。

高校1年のとき生物でＰＣＲを教えてもらい、自分で機器を使って検査するというところまでを行っていた。いまではだれもが知るＰＣＲ検査だが、当時はほとんど知られていなかった。

倫理の授業では哲学書を読む心構えを教えてくれた。益子さんはヘーゲルの『精神現象学』、ハイデガーの『存在と時間』などドイツ哲学を読み、生きるとは何か、芸術とはなにかを考えるようになった。

「学習指導要領の範囲内の勉強は自分でやれよ、という雰囲気でした。もっとも、東大入試は筑駒の授業だけではしんどかったので、週に半分は鉄緑会に通っていました。わたしは自分でガリガリやれるほうではなく、拘束され無理やり勉強するほうが合っていたからです」

型にはまりに鉄緑会へいく

大阪大文学部に進んだ見城佑衣さん(19年卒・67期)は、中学に入学してまもなくは数学の授業についていけなかったという。数学が得意な同級生には根本的に敵わなかった、と振り返る。

「一般的には中3で習う三平方の定理を中1で学習したのですが、受験のための先取りというより、必要ならば、いつ教えることになっているかなど気にしない学校でした。印象的だったのは、中3の3学期に数学で行列を教えていたことです。これは高校の数学Ⅲに含まれるのですが、先生は普通に中学生向けにやっていました。行列はセンター試験の範囲ですらないですし、受験対策というより好奇心をくすぐるための授業でした」

東京大の学生、川口音晴さん（21年卒・69期）が受けた世界史の授業では、限られた時代の限られたテーマ、そこに至るまでの前後数世紀の歴史を教えていた。フランス革命、ナチスドイツ時代の差別、日系アメリカ人の歴史などである。

「共通するのは世界史のパラダイムが変わった時期、その間に少数派とされ、また、差別された人に目を向けて追っていくものでした」

大学受験対策について、川口さんはこう話す。

「型はない、そもそも型を用意していない。表現の場だけ与えて、それを見守ってくれました。でも入試に受かるために、僕たちは型にはまりたくなってしまう、そのよりどころになっているのが、鉄緑会なのでしょう。教員は「学校が鉄緑会のおまけになってしまう、調査書作成のためだけに通っているみたいな状況にしてはいけない」と思っていますが、受け止め方には差があります。一枚岩ではない。生徒が元気ならばそれでいい、と達観する人もいれば、ちゃんとした教育はしなければと考える硬派な人もいます」

「教科書中心ではなく」「ありきたりの座学でない」教育が4分の3世紀続いた

筑駒は教科ごとに教育目標を示している。歴史、数学、国語の順で紹介する（以下、筑駒のウェブサイトより)。

「歴史は、中学3年間を通して学びます。まず「歴史とは何か」「歴史を学ぶことの意味とは何か」という問いを投げかけ、古今の歴史家たちの言葉を手がかりに、その意義をじっくり考えてもらうことからはじめています。それは、年代や人名や事件名を覚えることも基礎的な知識としてもちろん重要ですが、それ以上に、これまで当たり前と思っていたことを疑ったり、別の視点からとらえてみたりするなど、歴史について自ら考え、理解を深めることを大切にしているからです。

また、近年の歴史学界における動向や新たな発見などにも注目し、どのように歴史がつくられていくのか、あるいは一般に受け入れられていくのかといったこと自体を教材としてあつかうこともあります。基本的には3年間を通じ、通史にそった形で進めていきますが、時には通史の枠組みにはとどまらず、多角的な視野から歴史を学んでいきます。(略)

基礎的な知識をもつことは重要ですが、それ以上に、社会に対する好奇心を強くもって入学することを望みます。授業で話される新しい事実や考え方を自分なりに理解していく力が必要です。また場合によっては、自分でさらに高度な内容を調べて理解を深める力も必要とされます。ふだんから、地理・歴史・政治・経済などに関心を持つように心がけてください」

学びの方法として、覚えることはもちろん、大切だが、歴史の意義、社会のあり方について自分でしっかり考えなさい、そのためには高度な専門書に挑戦して自分なりに理解を深めなさい、と言いたかったようだ。

１９７０年代に『共同体の基礎理論』を読ませた教員、１９９０年代に網野善彦の『日本社会の歴史』を使った教員の意図が見えてくる。これらは、生徒の授業満足度を高めるねらいもあった。ある歴史の授業では、日本史、世界史の通説を疑うテーマを話題にしている。『近代国家の出発』（色川大吉）、『近代日本思想案内』（鹿野政直）、『日本教育小史』（山住正己）、『現代史ベルリン』（永井清彦）、『物語　アメリカの歴史』（猿谷要）などがテキストに使われている。

一方、授業で「近年の歴史学界における動向や新たな発見」に注目するのには、歴史学の最新の研究成果を教えることで知的好奇心を刺激したい、という思いがこめられている。「通史の枠組みにはとどまらず」については、山川出版社の教科書的な歴史の流れを追うことよりも、「自由民権運動」「フランス革命」「ナチスドイツ時代の差別」を掘り下げて、その意義を考えるというねらいがあったように見える。

数学の教育目標については、こう記されている。

「数学の学習を進める上で「問題が解けるようになりたい、解ければ気持ちいい」と思うのは自然なことです。しかし、私たちは「問題が解けるようになること」自体を教科の目標とはしません。そのため、例えば大学受験にとらわれた先取り学習は行いません。先取り学習でたくさんの問題が解けるようになることが、真の学力であるとは考えていないのです。決してパターン学習には終始せず、事象の本質にせまる活動を重要視しています」

先取り学習を行う進学校を批判するかのような文言である。先取りよりも三平方の定理の証明を繰り返す、大学入試には出てこない統計学を学ぶ、などによって、「事象の本質にせまる」ことを求めている。

最後に国語である。

「より多くの言葉を学び、より多くの本を読み、そこからより多くの考え方を知りましょう。そうやって、いま君の目から見える世界を、もっと豊かに広げていくこと。それが、国語の授業がめざすものだと、私たち教員は考えています。言葉にも色々な働きがあります。自分の意見や気持ちを人に「伝える」働き。それを何か他のものにたくして「ほのめかす」働き。中には〈凍てつく炎〉のように、意味はよくわからないけど、言葉と言葉の結びつきから別の「新しいイメージを生み出す」働きもあります。私たちは、このうちのどれか一つというものではなく、全ての言葉の働きについて君に学んでもらい、自分の世界をより豊かにしていくことを望んでいます（入試問題にも、そのようなメッセージを込めているつもりです）」

筑駒生はセンター試験（２０２1年から「大学入学共通テスト」）に弱い、という話を同校教員から聞く。ふだんの授業で選択式の問題を解く機会が少ないからだろう。前出、見城さんが言うように、センター試験は、筑駒生からみれば微妙なニュアンスを読み取って答えを選ぶゲームのようなものだろう。国語の教育目標に掲げられている「いま君の目から見える世界を、もっと豊かに広げていくこと」は白黒をはっきりつけてしまうゲームとは違う。「日頃から型のない問題に慣れている」生徒からすれば、選択肢が並べられる問題と相性は合わない。それでも短い時間で解く練習をすれば、筑駒生ならばセンター試験で高得点を得ることができる。そんな教え方をしたくない。これが筑駒教員の矜持として長年、伝えられてきた。

1期生、高田光雄さん（53年卒）がいう「教科書中心ではなく」「ありきたりの座学でない」授業は、２０２０年代の今日まで、すべての教科ではないが続いている。ときに高校の指導要領をはるかに超えた大学院レベルの高度な内容が講じられることがあった。これをもって「教養主義的な教育」と評価されることがある。いまでも、こうした授業を行っている教員はいる。さすがに、２０２０年代のいま、青木周蔵の自伝、大塚久雄の社会学の古典などを使う教員はいないが。

このような高度な内容の授業は生徒の一部から支持されている。また、大学の授業を受けて筑駒で学んだレベルの高い授業が役立ったというOBもいる。

一方で受験対策にはまったく役に立たないという理由から、こうした授業に関心を示さず、鉄緑会など塾や予備校の宿題をせっせと片づける内職を行う生徒もいる。

これは、筑駒教育にとって、何年も前から大きな課題になっていることだが、生徒の多くは学びの方法として筑駒と東大入試対策を使い分けている。たとえば、鉄緑会の宿題を授業中の内職のみならず、修学旅行中にまで持ってきてしまう。三大行事を手抜きして鉄緑会に集中するなどだ。このあたりについては後述したい。

筑駒教員にすれば自分の教えを否定されているようなものだが、内職が厳しく咎められない雰囲気はある。これは、筑駒の「自由」という校風のなせる業であろう。もちろん、一部の授業でではあるが、塾や予備校の宿題を優先させる現状について、筑駒教員は何年も大きな課題として抱えてきたはずだ。「自由」な校風だからといって放任されたままでいいのか。筑駒教育の真髄に関わるテーマとして問いかけたい。

第3章

燃える三大行事、部活動

文化祭、演劇、サッカー、パソコン……

筑駒OBの多くは三大行事（文化祭、体育祭、音楽祭）がいまでも胸に刻まれている。

音楽祭は6月に開かれる。4月から準備が始まり、クラスの自由曲の選定、指揮者やピアニストの選出が行われ、練習や表現方法などの議論が交わされる。中学は課題曲と自由曲を各1曲、高校は自由曲2曲を演奏し、準備から本番まで、音楽祭実行委員の生徒が中心となって運営する。発表は昭和女子大「人見記念講堂」で行われ、専門家の審査、講評を受ける。

体育祭は9月に2日間、サッカー、バレーボール、バスケットボール、陸上種目、剣道、卓球などの競技が同時に行われるオリンピック方式だ。全校生徒が複数の種目に参加し、細かなルールづくりの段階から体育祭実行委員の生徒が中心となって運営する。

文化祭は11月に3日間催される。文化系クラブや同好会、クラスが展示、演劇、パフォーマンスなどを発表する。高校3年生はクラスを解体し、食品、縁日、ステージなど5～6の特別班に分かれ、文化祭の中心となって活躍する。準備から本番、片付けまでの全てを生徒が中心となって運営する。

本章では文化祭への取り組み、部活動についてみてみよう。

文化祭は「ビジネスにつながる」「完全な仕事」

文化祭体験は、その後の生き方に影響を与えるようなインパクトがあったという筑駒OBの述懐をよく聞く。

ヤフーで働く高橋正興さん（94年卒・42期）は、縁日班でチョコバナナの製造、販売を任された。今まで見たことないほどのバナナとチョコの山を目の前に、どう作り、売るかをゼロから考えた。バナナに割り箸をさす。湯せんしてどろどろになったチョコにバナナ全体をすばやくつける（つけ方が悪いとバナナは沈む）。扇風機で軽く乾燥させ、地理室に置かれた冷蔵庫に入れて冷やす。10分ほど冷やして完成したら運んで店頭に並べる。それが想定したオペレーションだった。

しかし、当日、チョコバナナはものすごい売れ行きとなり、このサイクルでは間に合わない。そこでさまざまな工夫を凝らしながら、現場のアドリブで生産搬送ルートを作り、オペレーションを変えていった。

「文化祭での体験は、もう完全な仕事でした。あの経験は物事の進め方とか、計画を現場で変える度胸とか、いまのビジネスにもどこかで役立っている気がします」

合同会社未来共創機構CEOの泉克明さん（05年卒・53期）は喫茶班を担当した。だが、前年からの引継ぎがなされていないので、試行錯誤の繰り返しだった。例えば、注文が入ってからパスタをゆで調理するためにスタッフそれぞれに役割分担を課す。

「正直本番直前まで身が入っておらず、1カ月前の予行演習では提供に1時間以上もかかり、クレームの嵐でした。いよいよこれはやばいと思って、作業手順を見直し、ノートに我流で調理器具の配置図やガントチャートのようなものをゼロから描きました。そしてチームメンバーにあれをやれ、これをやれと指示する。完全に仕事でしたね。いまにつながっているかもしれません」

Yondemy代表の笹沼颯太さん（18年卒・66期）は企業のたちあげ、成長＝スタートアップについては、筑駒の行事と通じるものがあると振り返る。

「一つのことに夢中になる。とがったものが出てくる。この分野はこいつが1番だよねというのが現れる。これらが集まって文化祭では最高のものができます。これは起業に通じます。おもしろい企画、最先端の技術、個性的なデザインなど、さまざまな才能を合わせて、優れたビジネスが生まれるからです」

文化祭も起業も「新しい、だれも解いていない社会課題に挑戦する」

3人は世代的にかなり離れており、在学期間は重なっていない。しかし、文化祭は仕事（ビジネス）である、という受け止め方では一致している。もちろん、生徒だったころ仕事をしているという認識はなかったはずだ。卒業後、それぞれ仕事を覚えるうちに文化祭での自分の役回りがオーバーラップしたのだろう。過去を振り返ってのこと、後付け以外なにものでもないが、それでも口をそろえて「仕事」と認識してしまうのは興味深い。

学校は文化祭についてこう位置付けている。

「文化祭が『自分づくり』に役立っているとする生徒は、学年進行とともに増え、高校３年生では約８割の生徒が「意味がある」としています。そして、その内容には「責任感」「忍耐力」「計画性」「企画力」「想像力」「やり抜く力」などの能力があげられています。このような教育機能は、教員だけの指導力で形成されるものではなく、また生徒の力だけでも不可能でしょう。その両者の力と共に、いまや死語となってきた観がある学校の「伝統」や「学校文化」が基盤となって、教育力を発揮したものと考えています。

思春期を迎える子ども達の心は、直線的には発達しません。紆余曲折を経ながら『自分くずし』や『自分づくり』を行い、成長していきます。例えば、親子関係では心理的な離乳期を迎え、「甘え・依存と自立の再構築」が行われ、友人関係では「仲間選び」とその過程を通じた「自己認識・自分の位置付け」が行われていきます。

これらの成長は仲間との共同作業や協力関係の中でこそ養われ、あるときは協力による感動や楽しさで心が活発に働き、また反対に仲間との軋轢により意欲が低下することもあります。さらに、外見上は静かに沈滞しているようであっても、次のステップに向けてじっと力を蓄えている時期もあります」（筑駒ウェブサイト）

将来の仕事に役立ちます、とは言っていない。将来と関連づけるようなフレーズもない。自己認識、自我の確立、さまざまな力を身につけ成長を促す、という程度である。強いて仕事に関連づけられるとしたら、「成長は仲間との共同作業や協力関係の中でこそ養われる」としている点だろうか。この過程でコミュニケーション能力、まわりの人間を動かすマネジメント力を得られる、言いかえると交渉術、リーダーシップを身につけることができた、と解釈すれば、「仕事」をしたことになる。案外、「協力による感動や楽しさで心が活発に働き」という成功体験、「仲間との軋轢により意欲が低下」という消化不良体験のほうが、OBの振り返りとして、筑駒文化祭をいまの仕事に紐付けられる有力な要因になるのかもしれない。

前出の笹沼さんは、文化祭と起業がつながるのは、筑駒の校訓「自由・闊達の校風のもと、挑戦し、創造し、貢献する生き方をめざす」に起因すると考え、こう話してくれた。

「共通しているのは、新しい、だれも解いていない社会課題に挑戦する、ということです」

文化祭では何もないところから新しいものを作り上げる。たしかに起業に通じる。前年の文化祭、先輩はチョコバナナを製造、販売したところで、後輩たちに完璧なマニュアルを残さなかった。仮にマニュアルがあったとしても、それを真似て作るのはださい、あくまでも自分たちがオリジナルで作り上げるという発想が、筑駒の伝統なのであろう。

文化祭でAdobeのソフトをがっちり使いこなせる

見城佑衣さん（19年卒・67期）は、文化祭について、個人のスキルの高さが存分に発揮される場と振り返る。たとえば、パンフレットやポスターの作成だ。

「多くの学校が手書きで作っている中で、AdobeのIllustratorといったソフトをがっちり使いこなせてしまう筑駒では何代にもわたってデジタルで製作してきた伝統があるからでしょう。スキルは受け継がれ、しかも熱量をもって取り組むのでクオリティがやたら高い。そうやって自分たちで主体的に参加し、先代を超えようと挑戦していくことで初めて本気で楽しめる学校なのかもしれません」

国家公務員の田原大嗣さん（16年卒・64期）はこう話す。代が替わっても毎回、高いレベルを求めようとする。

「文化祭などの行事で表現するのは、突き詰めると自己満足なのです。お客さんのため、ということもありますが、自分たちの力をすべて使い果たして最高のものを作れるか、みな、そういう意識が根底にあり、プロフェッショナルに徹しようとしていました」

文化祭でのこうした取り組みは、教駒が開校した当初からあったようだ。

1960年代、山本裕さん（65年卒・13期）は行事について次のように話してくれた。

「文化祭ではコーディネート、マネジメントをきちんとこなして他の生徒をひっぱっていくリーダーたちの姿は大人顔負けでした。イベントを進めるにあたって、早い時期からまとまって、自分で考えて取り組む。それが学校の伝統としてあとの世代につながっています」

しかし、文化祭についてこんな課題を指摘するOBもいた。

広告代理店勤務の蓮池遼太郎さん（17年卒・65期）は文化祭のクオリティはその年によって違いが生まれる、と見ている。その要因について解説してくれた。

「まず一つは、受験と文化祭のバランスが年によって違う点。学年全体の雰囲気として、文化祭に高3のすべてを賭ける、という思いが強い年と、文化祭はあくまで学校行事の一つであって、普段の勉強や受験に力を入れる、という年に分かれます。はっきり言えば、鉄緑会と文化祭作業のバランスの問題ですね。もう一つは、前年度の文化祭のクオリティからの影響。前年の出来が微妙だったり、収支報告が悪かったりすると、反骨心というか、自分たちはより良いものができる、と思うことで熱が入る。回転率やお客様の評価、売り上げ、アトラクション稼働台数など、班ごとのそれぞれの目標ハードルが高くなり、結果的に良いものができるケースが多いです。逆に、前年の出来が良いと、まずはそのスタイルを真似るところから入ってしまうケースがあります。そうすると、前年の試行錯誤の過程などを全部飛ばしてしまう形になるため、一つひとつのオペレーションの意味や、検討すべき事項などが飛んでしまい、結果的に当日のトラブルに弱くなったり、形を真似ているだけでコンセプトが他と合致していないものが入ったりして、満足度が下がることもありました」

野田秀樹さんの演劇をみた自分も将来、演劇をやろうと決めた

文化祭で連日、毎回超満員となり、教駒・筑駒の歴史にしっかり刻まれた演劇がある。

１９７０年代、野田秀樹さん（74年卒・22期）というスターが現れ、教駒の舞台を縦横無尽に駆けまわった。野田さんは、鎌田浩毅さん（74年卒・22期）との対談で高校２年の舞台「アイと死をみつめて」について、こう振り返っている。

「たぶん、劇的に人生が変わったのは、やっぱり『アイと死をみつめて』の初日だろうね。初日をやったらメチャクチャ受けて、それでお客さんが興奮して帰って行くから、「えっ、うまくいったね」みたいな話をして喜んだ。そしたら翌日もまた大反響で……」（『野田秀

樹×鎌田浩毅『劇空間を生きる』ミネルヴァ書房、2018年）

野田さんが登場する前後、芝居に魅せられた生徒がいた。

演出家の高萩宏さん（72年卒・20期）、静岡県舞台芸術センター芸術総監督の宮城聰さん（77年卒・25期）、日本テレビでドラマ制作担当のディレクター、岩本仁志さん（83年卒・31期）。

高萩宏さんは学業よりも演劇に熱中した。演劇部顧問の教員が岩波映画社で清水邦夫、田原総一朗氏と同期だったことも大きい。この教員から影響を受けている。

高校2年のとき、文化祭でのオリジナルで作った公演が成功する。3年生になって1年に入学してきた野田秀樹さんを演劇部に勧誘した。野田さんは別役実作品「門」の主役を演じている（演出は演劇部の2年生）。このとき、中学1年の宮城聰さんが観にきていた。

宮城さんはいま、演劇の世界で仕事をしており、静岡県舞台芸術センター芸術総監督と東京芸術祭の総合ディレクターをつとめている。

「授業を受けることとはまったく違う感覚です。演劇は仕事をやり遂げるという思いで取り組んでいました。それが、今のわたし自身の仕事につながっていきます」

高萩さんは東京大に進み、1976年、野田さんらとともに劇団夢の遊眠社を設立した。その後、演劇の世界で長く活躍してきた。現在は世田谷パブリックシアター館長をつとめている。

「日本の高校、大学の演劇はすごい。とても高いレベルにあります。しかし、卒業後、職業としての演劇業界が確立していないため、演劇をやめてしまう人がほとんどです。才能が埋もれてしまうのは残念でなりません。芸能界はバクチみたいに受け止められ、親は許さないし、本人も将来に不安を感じる。職業として演劇の道があればいい、演劇が業界になってほしい、という思いで、いまの仕事を続けています。これも教駒での経験が生きています」

宮城聰さんは中学3年のとき、高校3年の野田秀樹さん演出、主演の「ひかりごけ」(武田泰淳原作)を観ていた。

「すごい傑作で衝撃を受けました。全校生徒が観たのではないでしょうか。これで自分も将来、演劇をやろうと決めました」

宮城さんは野田さんとの出会いから、演劇に取り憑かれたのだ。前出の演劇部顧問の関係もあって演劇部では清水邦夫氏の戯曲を上演する機会が多かった。

一方で、宮城さんにはクラスの雰囲気に溶け込めないことがあった。

「エリートコースというメインストリームに疑問を持たないような空気に違和感を抱きました。半分以上はコンプレックスでしょう。世界の不平等に目をつむって、いまあるレールで出世するのは正しくないと思い、落ち込んだ気分でいた日々もありました」

メインストリームへのアンチで居場所がないと思う連中が集まって演劇に熱中したのである。演劇部顧問からは指導やチェックを受けず自由に演じている。

岩本仁志さんからみると、同級生はみんな優秀だった。中学生のとき、アンケートで「1日、何時間勉強しているか」という問いに、多くが「7時間」「9時間」と書いていることに愕然とする。

「こいつらと闘ったら負ける、と中学1年で思ってしまいました。同級生に勝つためには何をすればいいのか。得意なサッカー、好きな音楽でもかなわなかったので、演出ならば勝てるかもしれないと思い、卒業するまで演劇に力を入れました」

岩本さんは高校3年の文化祭では演劇班で演出を担当する。授業には出ず、図書室で芝居の練習をしていた。

「山崎正和の「世阿彌」を演出し、現場監督として、たくさんの人をコントロールしました。いかにモチベーションをもたせるかを考え、タクトを振ったのです。それが、のちのテレビ局でのドラマ制作につながっています」

岩本さんは東京大入学後、演劇を続けた。大学の劇研、夢の遊眠社の舞台に関わっている。

「大学で演劇に専念できたのは、筑駒で大学みたいな生活をしていたからです。授業に出ないことへの不安感はなく、自由な時間に脅えることはなかった。こんな高校はほかにないでしょう。授業は朝一しか出ないけど、東大に入れるのは地頭がいいのが多いから。そんな筑駒話をするとみんなに引かれます」

大学卒業後、フジテレビに入社して「ナースのお仕事」などドラマ制作を担当。２００１年に日本テレビに移りドラマ、映画制作に力を入れている。

パ研が行く

文化祭では課外活動に精を出す運動部や文化部、同好会、研究会などが、日頃の活動成果を見学者に披露する。筑駒受験を考える小学生は展示物を食い入るように見ており、この部に入るためには、絶対に筑駒に合格すると強い思いを抱く中学受験生がいる。なかでも注目されるのが、パーソナルコンピュータ研究部（パ研）だ。コンピュータゲームに関心がある小学生が、パ研部員が作ったオリジナルのゲームに魅了されることもある。

パ研には５つの班がある。競プロ班は競技プログラミング班の略称で数学チックな問題をプログラミングを使って解く競技を行う。ＣＴＦ班ではプログラムのセキュリティについての競技を行う。敵味方に分かれてお互いのコードをハックしあったり、与えられるプログラムの弱いところを見つけてそれをハックしたりする。

自作ＯＳ班はWindows、Mac、LinuxなどのＯＳ＝オペレーティングシステムを作る。

Ｗｅｂ開発班はウェブサイトを制作する。アプリ班はゲームやスマホアプリの開発を行う。

第1章でパ研出身の起業家3人を紹介した。彼らがパ研で経験したことをまとめよう。

Preferred Networksの西川徹さん（01年卒・49期）は、親と約束してコンピュータを買ってもらうために筑駒に入学した、と振り返る。パ研で活動をはじめると、そのレベルの高さに驚かされた。

「パソコンの仕様が異なっていても同じプログラムを動かせる先輩を見て驚いた。中学生、高校生がやっているとは思えないほどレベルが高いと思いました」

筑駒生は群れず、個人プレイが多く見られる。パ研も同様で、メンバーはゲーム作りに熱中する、文化祭では個々人が自由にゲームを作って展示する、という雰囲気だった。それに対して生物部、化学部はその年のテーマを決めて部員がチームとしてまとまり、文化祭で優秀賞をとっていたので、西川さんは悔しかった。パ研にはそういうチームとしての取り組みがなかったので、西川さんは自分の代になって、パ研の方針を変えた。

「文化祭で一般の人に3ＤＣＧ（3次元コンピュータグラフィックス）をわかりやすく説明する企画を考えました。それまでパ研は好き勝手にゲームを作っている集団として下に見られており、それゆえ、予算もとれなかった。コンセプトをきっちり決めて展示することで、そういうイメージをぶち壊したかったわけです」

とくに学校から割り当てられる予算面では不満があった。複雑なプログラムを作るため、10万円する32ビットのコンパイラーがほしかった。それまで16ビットのものしかなく、作ることができるプログラムは限られていた。

「わたしたちは目標設定をしたり、実績を作るために文化祭の出しものも変えたりし、全校集会でコンパイラーの重要性について演説したりしました。先生方にも文化祭に向けてコンピュータを貸してください、とお願いします。それによって物怖じしない交渉力、胆力が身につきました」

サイアメント社長、医師の瀬尾拡史さん（04年卒・52期）は、中学に入学するとパ研に入った。まだだれもがパソコンを持っている時代ではなかったが、親が「21世紀はパソコンの時代」とする先見性を持っていてくれたことで、瀬尾さんはパソコンをフルに活用することができた。

パ研の部長は、前・Wantedly取締役CTOの川崎禎紀さん（00年卒・48期）、副部長にはPreferred Networksを創業した西川徹さんがいた。パ研ではCGの制作に取り組んだ。CGのソフトウエアを使わないで、何もない状態からプログラミングをはじめるが、瀬尾さんはまだ中学生である。ＣＧは数学と物理を合わせた応用によって作画される。あまりに難解で手も足も出なかった。

「これは絶対に不可能」と思っていたら、救世主が現れる。同級生の大島芳樹さん（04年卒・52期）だ。中学生のときから国際数学オリンピックに出場して銀メダルを5回とった数学の天才である。大島さんもパ研に入り、ＣＧの制作に必要な数学の教科書を自作して部員に講義した。これがとても役立った。

AtCoder ＣＥＯの高橋直大さん（07年卒・55期）はパ研でプログラミング・コンテストと出合う。「Imagine Cup 2006」アルゴリズム部門3位に入賞している。このとき、ベスト12くらいまでにパ研メンバーが5人は入っていた。国際数学オリンピックの金メダル獲得者が身近に2人いるなど、筑駒に科学オリンピックで活躍する文化が根付いていたことも大きい。学校生活では、かなり高いレベルの会話がなされていたと、高橋さんは振り返る。

「みんな論理的に話す。おかしいところはおかしいと指摘する。頭を使って考えない人はいなかった。必然的に思考が深くなります。でも世の中はそうでもない。筑駒生が中学段階でそんな会話をできるのは特殊といっていいかもしれません」

２０２３年現在、文化系部活動は次のとおり。

音楽部、農芸部、生物部、文藝部、駒場棋院、将棋部、パソコン研究部、中学科学部、高校化学部、演劇部、語学部、中学鉄道研究部、数学科学研究部、弁論部など。

サッカー部、有酸素運動を採り入れ、夏合宿は地獄だった

進学校がスポーツの全国大会、たとえば甲子園（野球）、花園（ラグビー）、国立競技場（サッカー）に登場すると、メディアは「文武両道」として崇める傾向がある。強豪校よりも「参考書を片手に」などと記事を多く載せ、勉強との両立を美化しがちだ。国立大学附属高校はスポーツの全国大会とは縁がない。そう思われがちだが、歴史をひもとくとそんなことはない。１９４６年、東京高等師範学校附属中学（現・筑波大附属高校）が甲子園に出場している。

サッカーも負けていない。１９４７年広島高等師範学校附属中学、１９５４年広島大学附属東千田高校（55年広島大学附属高校に改称）が全国大会で優勝している。２校はいずれも広島大附属高校の前身である。また、１９４７年金沢高等師範学校附属中学、１９４８年には同校を継承した金沢大学金沢高等師範学校附属高校（49年金沢大附属高校に改称）が全国大会に北陸地区代表として出場している。

わが筑駒はどうだったろうか。

残念ながら、スポーツでの全国大会出場はない。しかし、まるで弱くて毎回1回戦で姿を消す、というわけではなかった。

ある時代のサッカー部の活動を紹介しよう。筑駒の体育会がどのような様子だったか、その一端を知ることができる。

時代は1980年代、90年代である。

ゴードン・ブラザーズ・ジャパン元・CEOの田中健二さん（86年卒・34期）は、筑駒時代、サッカー部で活躍していた。

学校のトレーニングルームに酸素摂取量を測る機器が設置してある。体育科教員でサッカー部顧問の小澤治夫さんの指導のもと、部員は記録用マスクを着けて酸素最大摂取量を測りながら、限界まで走った。それを定点観測して、体力向上に生かしていく。

「有酸素運動に効き目があるということで、エアロビクスを採り入れました。レオタードをはいたおねえさんたちのビデオを見せつけられ、自分たちは実験台のようでした。一方で、夏合宿は地獄だった。タイムトライアルで遅いとエンエンと走らされる。きつかったですね」

全体練習は月水土曜日、火木曜日は自主練にあてられていた。

高校では筑駒中学からの進学組に筑駒高校入学組が合流するが、はじめは互いになじめなくても、少しずつ一緒になっていく。

「うちの良いところは、筑駒中学レギュラー組が高校入学組に負けて試合に出られなくても、くさらないことです。チームが融合してチーム力が上がるのがいい、と合理的に考えることができます」

指導にあたった小澤治夫さんは新しい戦術を見せてくれた。試合にのぞむにあたって、「おまえらのチームだからおまえらで考えろ」といつも任せてくれる。

「飛び抜けたスターがいなかったので、チーム力でどこまで戦えるかがカギになります。それゆえ、メンバーの背の高さ、足の速さなどの特長をうまく生かしました。僕たちの代には点取り屋がいたので、彼を軸にして守備をしっかり固めるゲームプランを考えたものです」

Jリーガーにもっとも近かった筑駒OB

FC琉球（琉球フットボールクラブ株式会社が運営）取締役の廣﨑圭さん（88年卒・36期）は、帰国子女枠で筑駒高校に入学した。自由な校風に満足するが、ものすごい勢いで勉強しまくっている同級生を見て「すごいところにきた」とびっくりする。

「まわりの学校があまり自由でないことを知って、入学して良かったけど、優秀な生徒と先生のやりとりにはとてもついていけませんでした」

廣崎さんは幼少の頃からサッカーを続けており、高い技術を持っていた。しかし、筑駒のサッカー部員のレベルは十分とは言えず、廣崎さんのレベルとは見合わなかった。おまけにグラウンドは土である。入学数カ月後、サッカー強豪校に転校したいと考えた時期もあったが、相談した担任教員に一笑に付されたことと、クラスやサッカー部の友人が勉強と同時に部活動と学校行事にも真摯に取り組む姿勢を目の当たりにすることで、徐々に筑駒での生活に馴染んでいった。

そして、顧問の小澤さんの指導も筑駒生の気質と合って、良かった。筑駒生は中学入学前、受験勉強ばっかりして運動不足だったので、身体能力は低い。そこで中学から科学的にゆっくり、じっくり体力をつけていく。高校2年ぐらいになると、他校に追いつくほどになった。

「小澤先生は体力をつける、集中力を高めるトレーニング法を教えてくれました。ただ中高6年間で全員が高い技術を身に付けることは困難です。もっとも技術が高い選手を中心にして選手個々の特徴に合わせたチームづくりが行われ、仲間の良いところを高め、足りない部分を補いながら11人がしっかり連携して試合にのぞみました。試合の組み立てに重要なチーム戦術の理解度は高かった。これは筑駒生の頭の良さが強みとなって現れたものだと思います」

この頃の前後10年、東京都で筑駒は最高でベスト16進出だったが、廣﨑さんの代（36期）は地区予選を勝ち抜いたものの都大会は1回戦敗退であった。

廣﨑さんは卒業後、一浪で早稲田大理工学部に入学してア式蹴球部に所属した。2年次からメンバー入りし、3年でレギュラーの座を掴む。国立競技場で早稲田大の試合が行われたとき、筑駒サッカー部が観戦したことがあった。顧問の小澤さんは早稲田のレギュラーとして活躍する廣﨑さんを誇りに思い、筑駒後輩の中高生部員に「範」として学ぶように指導している。廣﨑さんは学生時代、それほどの名選手だった。

「早稲田では全国から集まった個性の強い色々なタイプがいた。そんな集団に対応し切磋琢磨し合えたのは、海外生活から異文化に飛び込んだ筑駒での経験があったからでしょう」

早稲田大卒業後、ＪＦＬのＳＣ鳥取（現・ガイナーレ鳥取）などで活躍する。筑駒出身でＪリーグにもっとも近い選手だった。２００４年に選手引退、２００８年から日本サッカー協会、２０１４年からＪリーグでマッチコミッショナーを務め、２０１８年12月から現職。

グリーの藤本真樹さん（97年卒・45期）はサッカー部に所属して、廣﨑さんがコーチにつき、こう教えられた。

「どういうゲームをすれば勝てるか。ボールを相手のリスクがあるところへ運び、効率良く相手のゴールまで持っていく」

スイミングスクール経験者が多く潜在的に体力はある

田中さん、廣﨑さん、藤本さんの恩師、小澤治夫さんはどのような教員だったのか。

小澤さんをたずねた。1978年に体育科教員として教駒に着任した。半年後、筑駒に校名変更する。小澤さんは生徒の体力向上に力を注いだ。また、サッカー部顧問としてチームに刺激を与えた。

前述のとおり、中学入学時の筑駒生は、受験勉強に精を出しすぎたため、圧倒的に運動不足である。しかし、小澤さんにすればここから鍛えがいがある、とはりきった。小澤さんが振り返る。

「中学1年で体力測定をすると全国平均よりはるかに低い。そこで、生徒に体力がある人は長生きするデータを示しこう伝えます。『心配しなくていい。高校3年までには全国平均より上の体力をつけてやる』。中学でピークに達するのではなく、6年間でどんどん成長させる、その過程を支援する授業に取り組みました」

身体活動量を確保するために、50分の授業時間で猛烈に特訓するのではなく、からだを効果的に動かすようにした。生徒は100メートル走をいやがる。でも、なぜ走るのかを科学的に説明すれば、生徒は理詰めで受け止めて納得する。

たとえば、走り幅跳びでは、助走のスピード、飛び出しの高さで自動的に飛距離の理論値が決まる。

「助走、踏切、空中フォーム、着地の4局面をしっかり教えます。それがしっかりできていれば理論値近くまで飛べる。理論値に届かないのは、助走のスピードやジャンプ力があっても、途中の空中フォームが悪いからということを理解させるわけです」

小澤さんは、高校1年で体力測定の全国平均に達し、2年では1ランク2ランク上になるよう目標を設定していた。そして、それは実現できた。

進学校ならではの教育環境、取り組みへの姿勢も体力向上に関係があると小澤さんは考えている。

「筑駒生は教育熱心な親の方針で幼少のころからスイミングスクールに通っており泳げる子が多い。カナヅチは少なかった。中学受験を前に水泳をやめてしまうが、運動機能面で潜在的な力を持っている子は少なくないでしょう」

そして集中力である。

「学力面でとくに国語、算数が高い。机に1時間はりつく粘りがあるからです。その粘りによって、長距離走、20メートルのシャトルランなど持久的種目が強いのが筑駒生の特徴です」

ピアノ、バイオリンなど音楽の習い事を続けたおかげで、集中力、耐久力がついているという見方もできる。

小澤さんはサッカー部顧問として熱い指導をしてきた。当初は相当厳しい練習を課したが、やがて最新のトレーニング法を採り入れた。試合にのぞむにあたって、ベスト32（都下全校の約1割）を目指し、年間30試合実施を目標に掲げた。勝てるようになれば試合が増える。部員に自信をもたせようとした。

試合運びはその代によって異なり、選手の能力、個性が生かされる。

「高い技術を持った選手、体力が十分な選手をチームの中心に据えました。そして、ほかの10人がいきいきプレイできるようにします。たとえば、寝室のベッドは身体に合わせて作る。ベッドに合わせて身体を作るわけではありません。型にはめるようなサッカーはせず、一人ひとりの能力を生かしました」

試合で監督はどのような役割を果たすか。

「10回のうち3回は監督で勝てます。キャプテンのゲームイメージと監督が描くイメージが合えば必ず勝てました。合わない場合、その先は選手が自分たちで解決して、勝ちにいきます」

２００３年、小澤さんは北海道教育大の教員になった。離任した際、「筑駒はこのままだとメルトダウンになる」旨の話をしている。原発事故が起こる前に、このような表現で学校の将来を憂えた。

「学力一辺倒だけではダメです。ノーベル賞は東大京大ばかり、という時代ではありません。想像力をつけ、タフになることが求められます。そのためには、他校との交流を盛んにして、多種多様な人と出会い、多くの経験をしてほしい」

もちろん、筑駒の「勉強はできて当たり前」という雰囲気を高く評価している。しかし、気になることがある。

「学校では受験のために勉強すればいい、スポーツで勝つために練習すればいい、という風潮があり、それが終わると燃え尽きてしまうケースが少なくありません。高校を卒業してサッカーは「引退です」と言う高校生がいる。そんな言葉を使わず「卒部」と言ってほしい」

そのあとも勉強、スポーツを続けることを、小澤さんは願っている。

大会が近づくと根性論で最後はハートで勝負した

小澤さんが厳しく、ときに愛情を込めて指導した生徒に、イミオ社長、琉球フットボールクラブ会長兼社長の倉林啓士郎さん（00年卒・48期）がいる。中学高校ではキャプテンをつとめている。

「校則や制服がなく自由である、上級生下級生の垣根がない、ことが性に合って楽しかった。運動ができない生徒が多かったのは驚きました」

倉林さんは運動神経が良く、学年でサッカーがもっともうまかった。高校3年で活動を引退してから、受験勉強モードに入った。

「毎朝5時に起き、冷たい水に顔をつけて目を覚まして参考書を開く。そんな毎日を続けました。サッカーを続けたので根性が付いたのでしょう」

倉林さんは、筑駒に望むことについて、スポーツも強くなってほしい、そのために環境を整備し、土のグラウンドを芝生にしてほしい、と訴えている。

西脇憲太朗さん（03年卒・51期）は、新しいもの、科学的なことに強い関心を持っている学校だったと振り返る。2000年代前半、一般には普及していなかったプロテインを採り入れ食事に気をつけるなど、栄養管理面を考えていた。小澤さんが筑駒で教えていた最後のほうの時代である。

「最新の理論に基づいての練習や戦術を理詰めで考える科学論と最後まであきらめないという精神論が両立していたと思います」

「進学校は、スポーツでの精神論について斜に構えると思われがちだが、そんなことはなかった。練習中だらけていたらだれとなく叱るという厳しさはありました。大会が近づくと根性論で最後はハートで勝負していました」

サッカー部員はどんな姿勢、役割で試合にのぞんでいたのだろうか。

「全員が自分の立場、役割、特性をわかっていました。筑駒は良くも悪くも生徒自身が我を通す校風ではない。おのおのの生徒が自分のできるところをわかっていました」

強豪校の選手とは技術的に差がある。そこで、走ることには負けない体力づくりが行われ、試合では走り勝つよう、小澤さんから叱咤されていた。

「体力では絶対に負けないので走れと言われました。逆転できると信じて走り勝って、試合をひっくり返したことは何度かあります」

西脇さんはキャプテンとして勝ちにこだわった。後輩たちにこんなエールを送る。

「進学校だから勉強はできるけど強い学校には勝てない、という進学校コンプレックスがある人が多いなと思っています（男子校で女子にもてる機会が少ないのも一因ですが）。勝ちにこだわって結果を出して自信をもってほしい」

２０００年代、小澤さんのあとを継いだのが、筑波大出身の中西健一郎さんだった。のちにJリーグ・セレッソ大阪フィジカルコーチとなり、いまは大学教員をつとめる。

中西さんの時代、「SHIMOKITA COLLEGE」の河合道雄さん（09年卒・57期）は高校2年のとき10日間、オランダに遠征にいく機会に恵まれ、地元の高校生と練習試合をするなど、国際交流を行った。

「相手チームの切り替えの速さに驚き、その背景には自分で考えてアクションを起こすことが大切にされていることがあると現地で活躍されているコーチに聞いたことなど、自分達の考え方との違いに驚かされる異文化体験が印象深かったです」

サッカー部のスローガンは「VALEROSO」。スペイン語で「勇敢な」「力強い」を意味する。

２０２３年現在、体育会系部活動は次のとおり。

サッカー部、バスケットボール部、ハンドボール部、軟式テニス部、硬式テニス部、野球部、卓球部、剣道部、水泳部、陸上競技部、野山を愛する会（中学）、高校山岳部など。

第４章

教駒・筑駒史　開校から東大合格率トップ校へ

農教・教駒時代（１９４７年～１９７０年代後半）

筑駒の事始めはちょっと入り組んだところがある。

1947（昭和22）年、東京農業教育専門学校附属中学校として開校した。当時、教職員、生徒のあいだでは、略して「農教」と呼ばれていた（以下、それに合わせて「農教」と称す）。農教のさらなる起源について、東京農業教育専門学校の系譜をたどると、1878（明治11）年設立の駒場農学校までさかのぼる。この学校は、農業技術の研究、伝習を目的としており、やがて、東京農林学校と名前を変えた。

1890年、東京農林学校は帝国大学と合併して、帝国大学農科大学となった。帝国大学とはいまの東京大である。東京大進学者がかなり多い今の筑駒を考えると、130年前から東京大と縁があったわけだ。その後、東京帝国大学農学部（1919年）、東京大農学部（1947年）と名前を変えて発展する。

この間、1899年、帝国大学農科大学に農業教員養成所が作られ、1937年には東京農業教育専門学校と改称する。

1947年、学制改革によって小学校から大学までの学年は六・三・三・四制となる。このときに東京農業教育専門学校は附属の中学校を作る。それが農教である。なぜ、附属を作ったのか。農教は農業科教員を養成する機関であり、そのためには実習する、そして教育を実践する場が必要だった。教育実習先である。これは戦前、1910年代から文部省に要請しており、戦争をはさんで三十数年越しの望みが叶えられたわけである。

農業学校で女子はいらない、便所の改装に金がかかる

戦後の学制改革はGHQの主導のもとに行われていた。そのなかには男女共学の施行があり、全国の公立中学校では共学となった。国立大学附属も、東京高等師範学校附属中学（1949年から東京教育大学附属中学、1978年から筑波大学附属中学。以下、「高師附属」「教大附」と称す。所在地から「大塚」とも呼ばれた）は、それまで男子校だったのが、1947年からさっそく女子を受け入れている。

ところが農教は開校時から男子校であり、共学のお約束ごとを破ってしまった。どんな事情があったのだろうか。開校時の教員がこう振り返っている。少し長いが、たいへん興味深いので引用しよう。

「附属学校は農業高等学校でした。当時の農業高等学校というのはもちろん男女共学なんかじゃなくて、男子ばかりの学校だった。そういう意味で一つの教育方向をたどって行くには女子なんかはいって来ないで男子ばかりの方がいいんじゃないかという事情がひとつ

あった。（略）大事なお嬢さんを学校としてあずかっても、まあ御手洗いの設備から、それから作法室のようなものから、そういった女子教育に必要な設備、施設というようなものは当時の学校の内幕ではとても整備できない。こんな状態で女子の学生をお預かりしたらどういうことになるかわからない。一方、当時の社会状勢というのは公立の中学校でもそうですし他の中学校でもそうですが、まあ今いうグレン隊ですか。そういったのが相当多くて、そして学校の帰りでもなんでも、相当注意して帰らなきゃいけないというような社会状勢もあってその中でお預かりしてしかも教育らしい教育もできないというようなことであれば、これは多少問題があったとしても男子ばかりの方がいいじゃないかということが根本の理由でした」（『二十周年記念誌』1967年）

ポイントは3つある。

①農業高校は男子ばかりのほうがいい。女子は必要なかった。
②女子トイレなど女子に必要な施設が備わっていない。
③戦後まもなくの頃で「愚連隊」が多かった。女子を受け入れても登下校で責任をもって女子を預かることができない。男子だけのほうがいい。

これらが「根本の理由」だとしたら、いまの感覚でいえば、かなり説得力に欠ける。当時の教員は旧制の男子校に勤務していた者ばかりであり、女子教育に自信がなかったのであろうか。もし、このときの校長が女子受け入れを主張すれば、男女共学になってもおかしくはなかった。

入学試験は面接だけ

農教の1期生はどのように集められたのだろうか。もちろん、入学試験はあった。しかし、メディアなどで告知する機会はなく、周辺地域に口コミで伝えるしかなかったようだ。井の頭線、小田急線沿線各駅の電信柱に募集案内を貼り出したこともあった。農教にもっとも近い代沢小学校の教員が教え子に農教の受験をすすめたことで、第1期生92人のうち、代沢小学校出身が29人になった。「代沢組」「代沢中学校」と言われている。また、学校周辺の居住者が多く、徒歩通学者がほとんどだった。

1期生で建築士の高田光雄さん（53年卒）をたずねた。

「入学試験は面接だけでした。教室、グラウンドなど施設は十分に整備されていない、教室はにわかづくりの建物でした。壁はしっかりした建材で作られてはいません。馬糞紙とよばれる麦藁など、圧縮して固めた厚手の板です。雨に濡れたら溶けてしまうお粗末なものでした」

生徒がいたずらしてすぐに穴が開いてしまう。遮音性はまったくなく隣りの声はよく聞こえる。教室には長いす、長テーブル、黒板がおかれていた。

高田さんによれば、開学時、校長の七澤甚喜氏はこう話したという。

「過ちをおかした時は生徒らしくただちにその非を謝す素直さがほしい」

生徒のなかには東京教育大附属中（大塚）に入学することができず、教駒に入った者もいる。高田さんも兄が大塚に通っていたこともあり、意識せざるを得なかった。

教員も大塚への対抗意識が強かったようだ。主事で英語科の岡言智氏が次のように話した、と高田さんが教えてくれた。

「大塚をなぞってはいけない。特権意識を排除すること、それを表現する制服、制帽、校則は必要としない」

岡氏は東京帝国大出身でイギリス留学中にインド哲学を修めており、いまは山梨県甲州市の放光寺に眠っている。

高田さんがこう補足する。

「人間味のない秀才より少々頭の回転が遅くても表裏のない人間になってほしい。秀才が入学するのは望ましいが、良きリーダーとして円満な人間であってほしい。自由闊達な校風にあって、野性的で根性のある規格品でない人物を育てたい、と綴られています」

「東京教育大学東京農業教育専門学校附属高等学校」、校名は22文字

１９４９年、東京農業教育専門学校（農教）は東京教育大（教育大）に包括される、つまり、組み込まれることになった。教育大の前身は東京高等師範学校であり、学校の正式名称がとんでもないことになる。東京教育大学東京農業教育専門学校附属中学校。

１９５０年、農教１期生の高校進学に合わせて附属高校が作られた。正式名称は、東京教育大学東京農業教育専門学校附属高等学校である。さらに長くなり校名は22文字になった。舌をかみそうである。なお、せっかく誕生した附属高校に進まなかった生徒がいた。農教第１期生の中学卒業生92人のうち、他校に進学したのが58人もいた。彼らの進路が教大附２人、日比谷、戸山、新宿、小石川など都立の伝統校47人、私立高校４人、その他５人となっている。他校進学について、当時の農教の中学教頭はこう話している。

「その主な理由は、（１）我が校の普通課程一学級には収容しきれなかったこと、（２）前途未知数の新設高校では大学進学に不安があることの二つであった。これが先蹤となって、第五期生（昭和二十九年中学卒業）までは、毎年四十名くらいの者が都立高校に進学して、そこで、常に優位を占めるのが、通例の事となっていたのである」（『創立四十周年記念誌』１９８７年）

１９５０年高校設立時の入学者は、普通科１クラス39人、農業科１クラス16人だった

東京教育大学附属駒場中学校から同高校、他高校への進学状況
(1950〜1958年)

期(中学入学・高校入学)	教駒中卒業［人］	教駒高進学［人］	他高校進学［人］	教駒高進学率［%］
第1期生(1947年・1950年)	92	33	59	35.9
第2期生(1948年・1951年)	106	38	68	35.8
第3期生(1949年・1952年)	108	43	65	39.8
第4期生(1950年・1953年)	128	70	58	54.7
第5期生(1951年・1954年)	110	65	45	59.1
第6期生(1952年・1955年)	94	55	39	58.5
第7期生(1953年・1956年)	101	87	16	84.5
第8期生(1954年・1957年)	88	76	12	86.4
第9期生(1955年・1958年)	91	90	1	98.9

「駒場会報」(1967年11月1日号)から作成

(附属中学からの進学者+高校からの入学者)。

やがて、学級の増加が文部省に認められて、普通科2クラス、農業科1クラスになる。1952年、東京農業教育専門学校が最後の卒業生を送り出して閉校となる。と、同時に農教はまた、学校名が変わった。東京農業教育専門学校という名称が外れる。

東京教育大学附属駒場中学校、高校である。このあと1978年まで26年にわたって親しまれる「教駒」の誕生である。

辻弘さん(55年卒・3期)は、1952年に教駒高校に入学した。この頃、校舎は十分に整備されていなかった。

「自由闊達という校訓を謳歌する余裕がないほど貧しかった。教室は木造兵舎を

使い、寒いときは木を燃やして暖をとりました。校庭は石ころだらけ、風が吹けば砂嵐が舞うような環境です」

同級生には、都立高校入試が芳しくなくて教駒に入学した者がみられたが、そのなかにはずば抜けて優秀な生徒がいた。

1956年から教駒は中高一貫の6カ年教育を行うことになった。同じ敷地に中学と高校がありながら、一貫性がなく中学を卒業すると他校に流れるという現状を踏まえてのことだろう。他校進学は1956、57年が十数人、58年1人、59年は0人となった。この間、新校舎建築が進んでいる。

一方、農業科への入学者は次第に減少したため、1961年を最後に農業科は募集停止となった。64年に卒業生を出すと廃止された。なお、農業科卒業生の多くは農学部系に進学している。東京農業大への進学者は1954年2人、57年3人、58年4人、59年5人、61年7人となっている。日本大への進学者も少なくなかった。これは農獣医学部（現・生物資源科学部）で学ぶ者が多かったからだ。

初期の分岐点

1950年代前半、教駒は新設校ゆえ卒業生を出したばかりだったので、難関大学の合格実績面で社会的な評価は得られていなかった。しかし、他校（中学校）の一部の教員から「先生が熱心でとても良い教育を行っている」という評判が高く、地元では教駒をすすめられた成績優秀な生徒が何人かいた。1953年、教駒高校に入学した宮島壮太さん（56年卒・4期）もその一人だった。いまでも高校入試のことを覚えている。

「とてもレベルが高い問題でした。むずかしい。でも、それだけこの学校には素晴らしい先生がいてしっかりした教育が行われていると思い安心しました。実際、そうでした」

一方、当時、教駒中学の優秀な生徒は都立高校に進んでいた。日比谷、戸山、新宿などの伝統校だ。しかし、宮島さんが教駒高校に入学した年、教駒中学のもっとも優秀な生徒（木村治隆さん）は都立の高校を選択せず（受験せず）、そのまま高校に入ってきた。宮島さんが振り返る。

「この木村治隆君が教駒に残ると言い出したことで、「彼が残るならば僕たちもほかの高校へ行くことねえや」ということになって、成績優秀な生徒も教駒高校に入ってきました」

4期が大学入試を迎える1956年、教駒から東京大合格者を4人出した。

「これを見ていた教駒中学の後輩たちが「ほかの学校へ行かなくても教駒高校へ進めばなんとかいける」という雰囲気になったのです。いまの筑駒の進学校としての流れを作ったのは、4期生で教駒高校に進んだ一人の優秀な生徒と言えます」

教駒史を語る上でのキーパースン（木村治隆さん）は、東京大に進み、大手化学メーカーで技術者として活躍した。

宮島さんは東京大を目ざしていたが、現役合格を果たせなかった。合格発表の前に、受験雑誌「螢雪時代」に頼まれて合格体験記の原稿を書いたが、掲載は幻に終わってしまう。教駒卒業式では、これから駿台高等予備校（現・駿台予備学校）に通う立場で答辞を読んだ。

教駒での体験がその後の生き方にどう影響を与えたか。宮島さんはこう話す。

「ものを見る視点が変わりました。他人への配慮、物事をじっくり捉えるなど、いままで自分に欠けていたようなものを知りました」

宮島さんは1961年、東京大から大蔵省（現・財務省）に進んだ。数年後、東京大に進んだ後輩たちが大蔵省へ次々と入省する。1967年に前・日銀総裁の黒田東彦さん（63年卒・11期）、1968年には元・財務事務次官の林正和さん（64年卒・12期）などだ。

宮島さんは教駒の後輩たちが大蔵省に入ると歓迎し同窓生を集めて食事会などの集まりを持った。1970年代からは毎年、教駒出身者が入って、大蔵省内で「教駒会」が大きくなっていく。宮島さんはあるとき、これは違うのではないかと思うようになった。

「このままでは大蔵省で大きな学閥になってしまう。省内でそう思われるのは良くないし、他の出身者は嫌がるのではないか。残念だけど教駒でまとまった会合を続けるのはやめようという話になりました。その後、省内で教駒・筑駒出身者による会は作られていないです」

教駒・筑駒OBの多くは、学校の気質について「群れない」と表現する。宮島さんのケースは、群れる＝学閥が大蔵省にとってもデメリットという判断をしたからだろう。自制が働いたとみていい。とはいっても、省内の同窓会グループ維持をあっさりあきらめたのは、やはり「群れない」気質が染みついていたからかもしれない。令和の現在、開成高校OBの官僚が集まるグループ、財務省開成会、経産省開成会などが盛り上がっている様子と比べると興味深い。

宮島さんは教駒・筑駒の同窓会組織、若葉会の会長となった（2000～07年）。学校や会社の同窓会は親睦を深める、後輩の面倒を見るという側面が強い。だが、宮島さんはもっと先を見ていた。

「後輩の面倒を見るのは大切だけど、外へ目を向けた取り組みを行うべきだと考えました。教駒・筑駒出身者にはすばらしい人材がいる。彼らを「人材バンク」として集めて、いつでも講師として地域に派遣し講演会、勉強会を開けるようにしました。大蔵省時代、同窓による集まりだけでは内向きになってしまうという経験から、外向きの姿勢で積極的に社会貢献したかったのです」

現在、学校周辺の目黒区、世田谷区の人たちに向けてさまざまな分野、領域で講演を行っている。それが「筑駒アカデメイア」であり、2022年には経済学者の小島武仁さん、安田洋祐さん（いずれも98年卒・46期）が登壇した。

高まりゆく教駒人気

1950年代後半になると、教駒に対する評価はどうなったのだろう。教育熱心な保護者は子どもにはすでに進学校として実績があった教大附、麻布、開成などをすすめていた。こうしたなか、新参者の教駒が次第に株を上げていく。

細田博之さん（63年卒・11期）は中学受験で教駒の評判が急に上がった様子を覚えている。中学受験塾で当時最も有名だった日本進学教室に通っていた。あるとき、保護者説明会でたまたま母親が参加したときのことだった。

「3人の息子をもつおかあさんが出席して、「私は長男と次男を駒場に進学させている。この学校はすばらしい教育をしている。私の三男も来年駒場を受けさせる」と紹介しました。この話がすぐに母親たちのあいだで広まり、成績優秀な子は教駒を第1志望とするようになりました。教育熱心な母親によって教駒は進学校となり、東大合格者を増やしていく。それが次の代の中学受験生に知られるようになり、秀才たちが連鎖的に教駒に入ってきたのです」

1957年のことで、開学以来10年しかたっていない。細田さんによれば、「わが子をぜひ教駒に通わせたい」という母親が急増して、中学受験地図を塗り替え、のちの大学受験地図を塗り替えたという。

実際、細田さんの同級生には錚々たる人物が並ぶ。

前・日本銀行総裁の黒田東彦さん、元・経済産業事務次官の村田成二さん、元・国際協力銀行総裁の近藤章さん、元・運輸省運輸審議官の土井勝二さん、元・警視総監の石川重明さんなどだ。医師、弁護士、技術者、銀行マンとして社会のリーダーになった人物も多い。

こんなエピソードもある。

1958年、教駒入学生の保護者は当初、教大附に通わせたかった。ところが船橋在住のため通学範囲、通学時間で引っかかるという話を進学塾関係者から聞き教駒に進路変更する。以下のような回顧談が残っている。

「附属大塚校では千葉県出身者は市川市内の生徒は入学させるが、その他の地区の生徒は、一時間以内で通学出来ないという理由で、どんなに成績が良くても入学させないと知人から知らされました。まさかと思い、念のために進学教室の先生にお願いして、附属大塚校の生徒に照会して貰いましたが、船橋から入った例がないから他校を受験した方が良いだろうという返事だったらしく、甚だ落胆させられました」（『二十周年記念誌』）

この保護者は進学塾から教駒受験をすすめられる。東京大合格者は教大附より少ないが、年々、優秀な生徒が集まって教育内容もレベルが高いと言われる。保護者は教駒の山本光校長をたずねた。個人学校説明会のようなものである。

「山本校長のご返事で、当校は広く人材を求める方針であるから、本人が通学し通す決意さえあれば、たとえ一時間以上掛る所から来る生徒でも入学を許可しますと明言された由……」（同前）

なぜ、教駒はこれほど短期間で進学校になったのだろうか。

当時の教職員、生徒、保護者、塾、他校関係者の話から次のようにまとめることができる。

（1）国立大学附属に対する幻想

公立中学よりも国立のほうが教育レベルは高い、成績優秀な生徒が集まるという幻想があった。また、高等師範学校附属はエリート養成機関という幻想もあった。

（2）難関大学合学実績への評価

教大附の難関大学合格実績が高かったこともあって、教駒も同様に見られていた。

(3) 教員の高いレベルに期待

教員は公立学校と違って大学教授になってもおかしくない専門家集団であり、高度な教養、知識を学べる、という期待感があった。

(4) 通学圏を設定していない

教駒は通学圏に制限を設けなかった。また、遠隔地からの生徒も受け入れた。東北地方から上京して親戚の家から通う、一人暮らしするというケースも見られた。

(5) 進学塾がすすめた

教大附、開成、麻布とならんで教駒をすすめる進学塾が多かった。

(6) 男子校ゆえ勉強に専念できるという考え方

男子校のほうが受験勉強に専念できるという保護者がいた。教大附、学大附ではなく教駒に通わせようとした。

(7) 教駒周辺の地域性

学校所在地をとりまく世田谷区、目黒区、品川区、太田区在住の高所得者層で教育熱心な家庭から支持された。

校長は生徒のデモ参加を「当然」と認めた

１９５０年代、中学生、高校生が社会と向き合い、戦争反対を訴え、集会、デモに参加する姿が見られた。教駒も例外ではなく早熟な政治少年が現れている。

庄司元さん（59年卒・7期）は終戦の年をモスクワで迎えた。父親が１９４４年から在ソ連日本大使館に勤めていたからだ。したがって、庄司さんは東京大空襲を経験しておらず、46年に帰国したときは文字通り焼け野原となっていた。帰国直後は東京大空襲の焼夷弾で被災した母方祖父母の家の焼け跡に、祖母が自分の手で建てたバラック小屋に住んでいた。53年、父のすすめで教駒中に入学する。

「びっくりしたのは、教駒中の校舎は戦時中の兵舎でぼくらの教室はもともとその馬小屋だったことです。天井がなくて屋根がやたら高く、馬の水飲み場があり、馬を繋ぐ柵まで残っていました。わらのにおいが漂っていたのを覚えています」

１９５７年、都内で原水爆禁止高校生徒会連絡協議会（原高連）が結成された。54年ビキニ環礁水爆実験で第五福竜丸が被爆した事件を契機に、全国的に原水爆禁止運動が広がり、高校生も参加するようになった。原高連の委員長は都立西高校の生徒、副委員長に教駒の生徒会長だった庄司さんが就く。ほかに都立青山高校、都立大附属高校、都立小山台高校などの生徒が参加している。

「原高連が原水爆禁止日本協議会（原水協）主催の集会に参加したとき教駒の先生が見にきて、デモのときには歩道でついてきました。先生は「参加するな」と管理的なことは言わず、わたしたちの運動にはいっさい干渉しなかった。それが校長の方針であり、何かあったら自分が責任をとるという考え方のようでした。生徒を信頼していたのです」

原高連の活動について、全学連（全日本学生自治会総連合）がときにサポートすることがあった。全学連メンバーで東京大の女子学生が頻繁に学校にやってきた。

「こういう運動をしたほうがいいとアドバイスに来ました。男子校なので女子が来ると目立ち、学校は知っていたでしょう。しかし、そのことに何も言われませんでした」

一方で、庄司さんは高校3年のとき松川事件裁判に強い関心を持った。この裁判の記録をまとめ批判した小説家、広津和郎さんの本を読んで、裁判の行方を追いかけた。

松川事件とは、1949年福島県福島市松川町の旧国鉄東北線で線路のレールが何者かによって外され、通過した列車が脱線、転覆し、乗務員3人が死亡したことをいう。事件はまもなく、国鉄の政策に反対していた労働組合の幹部など20人が逮捕・起訴され、一審では全員が死刑を含む有罪判決を受けた。しかし、裁判が進むにつれ警察や検察による自白強要、証拠隠滅、偽証などが明らかになり、1963年、全員の無罪が確定した。

「学校に、授業を休んで最高裁に松川事件の裁判を傍聴に行きたいと、許可を求めたら簡単にＯＫしてくれました。こんなところに自由闊達さがありました」

この頃、校長は毅然とした態度をとっていた。

１９５６年、山本光校長の自宅に、東京教育大学の事務局長から電話がかかってきた。附属高校の生徒が都庁に押しかけて勤評反対を訴えている。教大附に電話したら、「うちの学校に限ってそんなことはない」という返事ゆえ、教駒に問い合わせたわけだ。山本校長は「おそらく私の方でしょう」と答えた。

勤評＝勤務評定とは、校長が教職員の勤務を評定し、教育委員会へ提出することだ。１９５０年代後半に制度化されつつあった。しかし、「不当」な査定が行われ、昇任昇格や賃金で差別が行われるのではないかと、日教組の教員を中心に猛反発が起こり、各地で反対のストライキが起こった。

こうした教員の動きに対して、無関心ではいられない高校生がいた。

１９５８年８月になると、全国高校生徒会連合（全高連）結成準備委員会が開かれた。こんな声明を出している。「私達は、ここで私達がくじけるならば、私達と私達の後輩達の運命が、破滅的な反動的戦争の渦中に向かって決定されるであろうことを明白に理解している。私達は如何なる犠牲を払っても、この暴力に対する反撃に起ち上がるだろう」

このグループの中心に教駒の生徒がいた。

教大附の教師が「うちの学校に限ってそんなことはない」と反応したのは、当時、教大附は大塚の学習院とも評され、学校には皇室関係者や文部省が視察に来るほど国家に信頼され、生徒もこうした体制に順応したところがあったため、こんな反権力的な行動をする生徒はいるわけがない、と思い込んでいたからだろう。１９５９年卒の教駒ＯＢが教大附との比較でこう話している。

「大塚の方は男女共学のうえ、良家の子弟が多かったことから、すごくお上品、それに対して、こちらは無名の男子校だったから、大塚への対抗意識からバンカラ・ムードになったんでしょう」（「週刊朝日」１９７６年４月６日）

教駒の校長先生に話を戻そう。

翌朝、朝礼で、「諸君の中に勤評反対運動で、都庁に押しかけた者があるようだが、行った者は手をあげてみたまえ」と話すと、30人ほどが手をあげた。その顔を見ると、いつも山本校長と話し合っている生徒ばかりだったので、たいしたことはないと不問に付した。勤評反対運動に参加した高校生は西、日比谷、新宿、都立大附属などの生徒が多く、これらの学校の生徒指導担当教員が集まって対策の会合が開かれていた。そこに山本校長は呼ばれたが、他の学校の教員は反対運動の首謀者が毎回替わるので、処罰できないと嘆いている。山本校長は「私のほうはちゃんとわかっているので困らない」といって席を立った。処罰などまるで念頭になかった。

　1958年には、警職法（警察官職務執行法改正案）反対を訴える生徒が文部省に出向いて抗議しようという計画を立てた。これを聞いた山本校長は、「とめないで行かせてみたらどういうことになるだろう」と言って教職員を驚かせた。それでも、山本校長は生徒に「君たちは文部大臣に会いに行くそうだが、おおいに結構だ。しっかりやりたまえ」と言ってのけてしまう。ただ、ここで条件をつけた。面会するならば文部大臣に礼をつくし、きちんと手続きをとる、門限は5時なのでそれ以降は退散する、の2つである。その後、どうなったか、山本校長が振り返る。

「以上二つの条件さえ守ってくれたら、学校名を堂々と名乗ってもよし、校長の名を告げても差しつかえないといった。（略）もちろん、文部省の中などに入れるような状態ではなかったそうである。玄関前に坐り込んでいるうちに五時になった。どうするかに思っていたら、旗を挙げて、警職法反対を怒鳴って無事解散したという報らせを受けた。私のいうことを聞いてくれたのだから、こんども文句はいうまいと思った」（『二十周年記念誌』）

　これが都立高校だったら、処罰の対象になるが、教駒は生徒の政治活動におそろしく寛容だった。生徒のこんな証言も残っている。

「高校生がデモに行く事に対し、教官会議で禁止しようとした。この時、当時の山本校長が、「この日本全体の問題に対し、座視する事は出来ない。高校生といえど行動して当然だ。もし、警官に聞かれたら、この山本が許したと言いなさい。全ての責任は私がとる」とおっしゃったという話だ」（同上）

この時代を教駒ですごした政治少年をもう一人紹介しよう。

法政大名誉教授の法学者、江橋崇さん（61年卒・9期）は幼少の頃から神童と呼ばれていた。当時、教駒中の入試は4科目400点満点で、江橋さんは398点だったことを知らされる。学年トップ合格で新入生総代をつとめた。塾からは「ぜひ、うちの模試を受けてくれ」と無料の受験票をもらい、それを友だちに売ったこともある。「あの頃、自分は勉強ができる、ということの意味がわからなかった」と振り返る。

中学生のとき「金属ナトリウム事件」を起こしてしまう。金属ナトリウムを水のなかに落とすと燃える実験を行っているとき、少しずつ注いだのではおもしろくない。そこで、水がたっぷり入ったビーカーに金属ナトリウムを落としてフタをした。するとビーカーが爆発してしまい、教員にえらく怒られた。

高校生の修学旅行で関西をまわったとき、江橋さんは解散地点の京都から奈良の被差別部落を訪れている。

「ちょうど部落問題の本を読んでいたときで、差別はひどい話だなと思いました。この問題に目をそらせてはいけないと考えたのです。これはエリート意識の裏返しかもしれません。その延長で社会に目を向けるようになり、『資本論』を読むマルクスボーイになります」

マルクスの諸著作やレーニンの『国家と革命』なども読んだ。日本共産党幹部だった安東仁兵衛氏のもとに通っている。党員になろうと思ったけど入れてくれなかった。

高校3年のとき、60年安保闘争に参加する。ところが、生徒指導担当の教員から「デモに行くな。処分するぞ」と言われてしまう。最初は同級生何人かで参加したが、みんな来なくなり、江橋さん一人でデモに参加するようになった。このとき、教駒には新しい校長が就任している。前校長とは違って政治活動参加について厳しい姿勢でのぞんでいたようだ。江橋さんは振り返る。

「変な学校で、一人前の大人扱いしているところもあるけど、所詮子どもだろうと子ども扱いする、自主性を尊重すると言っていながら、自主性を発揮したら「お前ら子どもだからダメ」とデモ参加をやめさせました。親心でしょうけど、過激なところへいかれてはまずいと思ったようです」

江橋さんは東京大法学部卒業後、憲法学の論客として、1970〜80年代、「世界」や「朝日ジャーナル」で、外国人の人権問題などに健筆をふるった。

「生涯、反逆児でした。トロツキスト憲法学者といわれたこともあります」
以前、麻雀博物館顧問をつとめていた。10代のころから麻雀の腕を磨いてきた。
「教駒時代、校庭の隅っこの運動器具小屋に隠れて一晩中、麻雀をやっていたこともありますから」

「教駒への横流し入学」で生徒が激怒

1962年度、教駒がメディアをおおいに騒がせた。4月、中学3年生が自ら命を絶ったのだ。彼のクラスでは性格診断法のテストが行われ、その結果に悩んだ末と報じられている。メディアは、「心理テスト苦に、分裂症かと、中学生が自殺」(毎日新聞)、「中学生首つり自殺、心ない心理テスト、精神分裂症といわれ」(東京新聞)など、学校に対して批判的な論調だった。学校はひたすら低姿勢で対応するしかなかった。

一方で、フランス大使などをつとめた元・外交官、飯村豊さん(65年卒・13期)にとって、教駒は「自分たちで規則をつくりなさい」という生徒を信頼する校風にうつり、居心地が良かった。

しかし、高校1年の終わり、その信頼を揺るがすような出来事があった。

1963年、東京教育大附属中学(大塚)の生徒数人を、東京教育大附属駒場高校(教

駒）が特別枠を設けて受け入れる、という事態が起きた。飯村さんが振り返る。

「不正義、不正入学だと受け止め、めまいがするぐらい怒りを感じました。自分たちの誇りが傷つけられたとの気持ちもありました。在校生の多くは憤慨します。このような不正入試が行われた背景には、当時急速に東大合格者を増やしていた教駒に対する大塚の焦りがあるとだれもが感じました。東大合格者を増やすためこの年から大塚では中学から高校への進学に際して試験を導入し始めました。排除した生徒を教駒に押し付けてきたと受け止められました」

生徒会は緊急集会を開き、東京教育大による不当な圧力に屈し、教駒の自治権が侵害されたことを問題視した。そして校長の退陣を求めてこう訴えている。

「大塚偏重主義と専制的圧力に対する運動だ。駒場高生のプライドに傷をつけられたとともに不正入試など非民主的な附属運営に対する怒りが爆発したものだ」（教育大学新聞1963年4月10日）

このときの生徒会長は斎藤徹郎氏（64年卒・12期、故人。大蔵省関税局長を経て北海道開発事務次官）であり、指導的な役割を果たす。生徒総会で東京教育大学長の辞任要求を決議した。保護者も生徒に加勢して学校側を問い詰める。

さっそくメディアが飛びついた。「横すべり入学でもめる」（朝日新聞）、「教育大附属高校の不合格者、駒場校に全員合格、なれあい入試の批判」（東京タイムズ）と伝える。

教駒は新設であり設備が十分でない。体育館に予算をつけるから、かわりに大塚からの生徒を引き受けるという取引があったのではないか――。そんな憶測が流れたこともあって、教駒の生徒は怒りがなかなか収まらない。卒業式では東京教育大学長を激しくやじり倒す一幕もあった。いまでいえば、筑駒生が筑波大学長に「辞めろ」というのと同様である。飯村さんは述懐する。

「この紛争は、このような不正入試は翌年以降はやらないと、校長が涙を流して生徒集会で約束することにより収束に向かいました。63年度の新学期が始まり、教駒の高校に教大附中から入学した数人が一緒に学ぶようになってからは、生徒自身に罪はない、入学した以上は仲間になったとの気持ちから「横流し」批判はおさまり、仲良く机を並べるようになりました」

この年度の高校入学組が大学を受験した1966年、東大合格者数において教駒82人、教大附71人だった。教駒が初めて上回った。

お茶の水女子大附属高校との合同ホームルーム

1960年代、どのような階層の子弟が教駒に通っていたのだろうか。

東京大名誉教授でアメリカ文学者、小説家の平石貴樹さん（67年卒・15期）は教駒中に入学してまもなく受けた音楽の授業をいまでも忘れない。

「先生が『音符通りに歌いなさい』と言うと、歌えるクラスメートの比率がやたら高い。ピアノ、バイオリンなどの習い事をしているのでしょう。音符が読めて当たり前という雰囲気にカルチャーショックを受けました」

ピアノ、バイオリンを習わせるぐらいなので、保護者は情操教育に熱心な富裕層が多いとみていい。しかし、すべてがそうではなかった。両親の学歴は高くない、経済的に豊かではない家庭の子どもも見られた。

１９６０年代半ば、こんな一幕もあった。

藤井純さん（68年卒・16期）には忘れられない思い出がある。

お茶の水女子大附属高校と合同ホームルームを行ったことだ。学級委員からの提案で、赴任したての担任教員がセッティングしてくれた。

「女性に対する偏見を改善し、男女別学の弊害を取り除こうという趣旨でしたが、男女交際がまだ厳しくいわれた時代、そりゃあ、うれしかったです」

合同ホームルームは教駒生がお茶の水女子大附属高校を訪問する形で行われた。１９６５年７月15日に第１回が行われ、翌年まで４回実施された。教駒での開催案も出たが、お茶大附属側が難色を示し開催できなかった。

校内模試ボイコットとバリケード封鎖

1960年代後半、大学、高校でさまざまな闘争がおこった。教駒でも試験ボイコット、バリケード封鎖がおきている。

1969年11月、高校2年生のあるクラスが大学受験のための校内模試「特別考査」に反対する提案を行い、学年全体で決をとったところ、賛成97、反対25で可決した。これによって特別考査が中止となった。反対派からはこんな威勢のいい文章が示されていた。

「断じて各人を分断し「馬車馬」的に受験体制への埋没をしいるに等しい今回の非教育的圧制的」

封鎖を指揮した3年の大谷行雄さん（70年卒・18期）は、「教駒全共闘」の2年生が同年9月の全共闘高校生総決起集会で封鎖を予告したことを受けて、バリケードを築いた。こう振り返る。

「我々は非妥協的なバリケード封鎖を通じて、エリート受験校の危機を白日の下に引きずり出す、と宣言しました。封鎖中、学校と交渉して、全校生徒に闘争の問題提起案件に関して討議の場と機会を与えること、封鎖実行者の中から処分者は出さないことを約束させます。こうして1日限りで封鎖を解除しました。卒業式を粉砕するつもりでしたが、出席日数が足りず卒業がむずかしくなった。そこで、学校は式に出ないことを卒業条件にすると提案してきた。教頭、教師とのボス交的密約です。ひどい話ですね」

現在、大谷さんはドバイに在住し、現地王族の協力のもと、企業や投資誘致、会社設立、移住のアシストをしつつ両国の友好関係樹立に向けて奔走する。

作家の四方田犬彦さん（71年卒・19期）は、2004年に刊行した『ハイスクール1968』で教駒の1960年代後半の様子を詳しく描いている。69年11月の封鎖でバリケードの内側にはのちの大学学長、バリケードを解除しようとしたのちの国会議員などがいた。

四方田さんは在学中、べ平連（ベトナムに平和を！　市民連合）の集会、デモに何度か参加していた。熱心に筑波大学移転の資料をしらべあげて、ガリ刷りで配った活動家もいた。彼はスペイン戦争の専門家となったが、自分のことはけっして名前を出さないでほしいといった。

「わたしの同級生は、教駒中学をトップで合格し入学者代表あいさつのなかでアメリカが起こしたベトナム戦争を厳しく非難しました。また、わたしの後輩は在日の友人の父親が韓国の軍事政権に捕まって極刑を言い渡されたとき救援活動をしました。これらは東大を目ざす受験勉強の発想からは出てきません。教駒にこのような社会的義務を果たそうとする同窓がいることを、わたしはとても誇りに思います」

四方田さんはその同級生と仲が良かった。彼は現役で東京大に進み中国演劇、文学の研究者になったが、２００１年に交通事故で亡くなっている。40代の若さだった。四方田さんが『ハイスクール１９６８』を執筆するきっかけの一つは、同級生の早すぎた死だった。

生徒のツブがそろっている。それに尽きます

１９７０年代、教駒は東京大合格者数上位校の地位を確立したといっていい。

１９７０年、東大合格者１３６人（現役91人）を数えた。同校教員はこう話す。

「社会一般で入試難を予測したために、志願者が急激に減ったことなど、社会的諸条件が、わが校に好結果をもたらしたものといえよう」（「螢雪時代」１９７０年5月号）

ずいぶん謙虚な物言いである。これは、前年の入試中止で受験できなかった優秀な浪人生と優秀な現役生がおしかけて、70年は史上最難関といわれていたが、そうはならなかったことを念頭に入れたコメントである。実際、一昨年（68年）よりも志願者が減っている。これは東京大が超難関になると見越して受験せず、他大学にまわった浪人、現役生が意外に多かったから、と高校、予備校はみていた。

元・早稲田大教授の内田和成さん（70年卒・18期）は、千代田区立麴町中学校から都立日比谷高校、東京大へと進むことを夢みていた。当時、都内のエリートコースと言われていたのだ。

しかし、１９６７年に都立高校入試に学校群制度が導入されたため、日比谷高校に入学できる保証がなくなった。同校は三田高校、九段高校と「群」を組んでおり、「群」に合格しても3校のうちどこに振り分けられるのか、わからなかったからだ。

麴町中学3年だった内田さんは都立高校を希望していたが、教員から「日比谷に行けるとは限らない。国立大附属高校を受けなさい」とすすめられる。

そこで、内田さんは教駒高校を受験する。同様な考えの受験生が殺到したらしく10倍を超す倍率で超難関だったといわれている。内田さんは合格した。「一緒に受けた連中はほとんど落ちたので、宝くじみたいなものです」と謙遜する。

内田さんによれば、教駒は高校の合格者を都立高校入試日に呼び出した。都立高校を受けさせないためだという。そのおかげか、教駒には都内で粒ぞろいの優秀な生徒が集まった。

１９７３年、東京大合格者数１３４人で初めて1位となった。このうち現役は93人を数えた。教駒は同年の卒業生が１６７人だったので、73年卒業生のうち東京大合格者の割合は55・７％である。また、同年卒業生で東京大を受験して合格した割合は65・６％にのぼった。いずれも灘や開成を大きくリードした。彼らは1967年、教駒中に入学している。この年、学校群制度が導入されており、これが中学受験に大きな影響を与えたのである。学校群によって日比谷、西、新宿など都立の進学校へ自由に進学できない。また複数の学校と群を組むことによって（日比谷、九段、三田で11群）、優秀な生徒はばらけてしまい、日比谷などはレベルが下がる――などから、学校群制度導入が決まった1966年には小学生と保護者のあいだで都立高校離れが起こっていた。その結果、67年の中学受験で教駒、教育大附属、開成、麻布に優秀な生徒が入学したという状況が起きている。当時、都内でもっとも有名な進学塾、日本進学教室の担当者がこう話している。

「ここの成績ベスト50のうち27人が教駒に行きました。教大附属（大塚）へは2人です。教駒の方は男子校、教大附属は共学。親御さんからすれば、進学のために男子だけの方がいいとおもったのでしょう」（「週刊朝日」1976年4月6日号）

教駒の人気、難関さを物語る上で、こんなことがよく言われた。「開成、麻布はクラスで1番をとり続けないと入れない。教駒は学年で1番をとっても入れないことがある」

それは前出の教員が端的に言い表していた。

「生徒のツブがそろっている。それに尽きます」（「サンデー毎日」1973年4月17日号）

1974年、辻弘さん（55年卒・3期）が国際基督教大学を卒業後、北海道の高校で英語を教えたのち、教駒に赴任した。教駒ＯＢが初めて母校の教壇に立った。

教駒で生徒、教員を経験した立場から、同校に優秀な生徒が集まった理由について、３つあげてくれた。

「一つは保護者一般のあいだで国（国立大学）への信頼が強かった。もう一つは教駒が大学の教育学部附属ではなく大学直属の附属なのでいわゆる〝教育学的建前〟にもとづく「実験校」にならず生徒を自由に募集し教えることができた。最後の一つは都道府県市区町村教育委員会及び文部省という行政機関の直接の監督下におかれず、学問の自由を掲げる大学のもとで運営ができ、そのため、不必要な行政の縛りがなかったからです。それによって、優秀な生徒が集まって進学校につながったわけです。だれも初めから教駒のような学校を作ることを意図した人はおらず歴史の死角のなかから生まれたと言っていいでしょう」

１９７７年に教駒中に入学した生徒が、高校2年になったときこう話している。

「中学のとき高校受験というアホなことをしなくてすむからヒマでしょ。だからみんな自分で高校の勉強やっちゃうんだ。とくに数学は、中学時代に数Ⅱまで終えちゃうし。英語を先取りしちゃう。まあ、いい意味での競争です。学校の授業はだから一年後の復習というわけ」（「サンデー毎日」１９８１年4月12日）

これは教駒では「中学時代に数Ⅱまで終え」るカリキュラムを採り入れているということではない。生徒が勝手に「数Ⅱまで終え」てしまうのだ。

在日韓国人政治犯の釈放運動に生徒・教職員・保護者が取り組む

1970年代半ば、ラジカルな政治活動に身を投じる生徒はいなくなった。だが、社会と向き合う生徒がいた。

1974年11月、在日韓国人の陳斗鉉氏ら8人が韓国陸軍保安司令部に北朝鮮のスパイ容疑を受け逮捕された。当時、教駒には陳氏の二男（76年卒・24期）が通っており、校内で陳氏の救援活動が行われた。

その中心となったのが、生徒自治会会長だった石坂浩一さんだ（77年卒・25期）。陳氏を救う会が作られ、学校内外で呼びかけている。石坂さんはこう振り返った。

「これはおかしい、助けなければならないと思い、学校全体で取り組みました。生徒、教職員、保護者がビラ配布、署名活動などを通じて多くの人に陳さんの救援を訴えます。わたしたちは新聞によく投稿しました。また、他の学校に呼びかけ、女子学院高校や和光高校などが協力してくれました」

陳氏は韓国で死刑判決を受けたが、1990年に釈放される。盧泰愚時代だった。

石坂さんは在学中、社会と向き合い、公害問題に取り組んでいた。

1974年8月、日本化学が有毒な鉱滓を放棄していることに抗議して、市民運動グループが連日、工場前をデモ行進していた。石坂さんも参加していた。

「その様子が読売新聞に写真付きででかでかと報じられました。教員は、わたしの活動についてすべて本人に任せており、なにも言いませんでした」

東京工業大教授の上田紀行さん（77年卒・25期）は中学3年のとき、生徒会長になって制服廃止を学校側に求めた。

「自分がどこの中学の生徒かを通学時に見せるのはいかがなものか。服装によって人格が規定されてしまう。制服で自分たちを見るな、一人の人間としてみてくれ、と訴えたのです」

上田さんたち生徒会は学校側と「大衆団交」を開く。しかし、対応した教員とはまったくかみ合わず、珍問答が続いたが、制服は廃止される。

上田さんが在学中、系列の東京教育大は1973年開学（入試は74年から）の筑波大に継承された。東京教育大にまだ学生がいたため廃校にはなっていない。したがって、大学が存続しており、教駒のままだが、1970年代後半になって、教駒は筑波大から教育実習生を受け入れるようになった。

「筑波大は国策による自由が封殺された管理大学として軽蔑の対象であり、筑波からくる教育実習の学生に対して、うちで頭のいい奴の質問には答えられないんじゃないかとバカにする風潮もありました。10代半ばでもっとも生意気盛りの生徒たちです。教員の一部も管理主義大学から来ていることで、筑波の教育実習生を冷めた目で見ていたようです」

開校から1970年代半ばまで振り返ってみた。

教駒からの東京大合格者が増えたのは、教駒自身が意識的に進学校化を進めたからではない。受験対策に特化するような課外補習はなく、ふだんも入試問題を解かせるような授業を行っていないのは、第2章で紹介した。

ではなぜ、東京大現役合格率トップという、とんでもない実績を作りだしたのか。前述のように国立大学附属というブランド力、男子校という「受験に集中できそうな環境」という幻想、そして、都立高校学校群制度で日比谷など都立進学校離れが進んだといういわば「敵失」によるものだ。

教駒自身（ここでは教員集団）、進学校になることを望んだのだろうか。大塚（東京教育大附属）への強い対抗意識から、教駒の教員は大塚を超えるような高度な内容の教育をしようと思ったのではないだろうか。開校当初から、「自由の教駒」が標榜されたことで、文部省（当時）の学習指導要領に縛られない授業が、結果として教駒生に高い満足度を与えた。それが、中学進学塾に伝わって、教駒を「おもしろそうだ」と受け止めて、同校を第1志望とする優秀な小学生が増えたのではないかと、わたしは思う。保護者にすれば東京大合格者数の多さから、わが子を教駒に行かせたい、と願う。授業の内容、東京都の教育行政、東京大合格実績、国立というブランド力、男子校などさまざまな要因が入り交じって、日本一の進学校を作り上げたといっていい。

第5章

教駒・筑駒史　存続危機から底力を発揮

筑駒時代（１９７０年代後半〜２０２０年代）

1978年、教駒にとっては大きなターニングポイントになった。

大げさに言えば、二大事件が起こっている。一つは校名が、東京教育大学附属駒場中学、高校から、筑波大学附属駒場中学、高校になったこと。もう一つは、中学入試で一次試験と称し抽選制が導入されたことである。

筑波大移管で、生徒は学内の管理強化を懸念

教駒から筑駒。教員、生徒は単に看板が変わるだけのことと受け止めていなかった。まず教員の身分についてである。前出の、教駒ＯＢで元教員の辻弘さん（55年卒・3期）が話す。

「どこの社会でもあることと思われるが、教員の多くが新しくできる筑波大学はその附属学校を今までと同様に維持するのか、今までと同じように維持したとしても、その附属学校の教員として全員が採用されるのかという不安を持ったとしても自然のことと思われます」

そして、新しい移管先となる筑波大の体制、学内状況を見て、教員、生徒は不安を抱い

た。前身の東京教育大は1969年、東京大とともに入試を中止（体育学部を除く）したほど、文部省にいわせると「紛争重症大学」だった。その反省からか、筑波大は開学当初から学生管理が厳しかった。筑波大の管理的体質が、附属校の校則、校風に影響を与えないか、という懸念を抱く教員、生徒がいて、平穏ではいられなかった。

1977年11月、高校生徒自治会から学校長あてに公開質問状が出されている。そのポイントは、①筑波大は学生の自治会を認めていないが、高校では生徒自治会の活動を従来通り認めるか。②校内におけるサークル結成や集会の自由を含む政治活動を認めている学校の方針は変わらないか。③生徒の自主尊重の姿勢は変わらないか、である。

参議院議員の小池晃さん（79年卒・27期）は高校2年で生徒自治会の役員をつとめた。教駒生と自治会が反発したことについて述懐する。

「筑波大は管理強化された大学なので、筑波の附属になれば、教駒の自治が脅かされるのではと受け止めたからです」

1978年、教駒から筑駒に変わるが、校則が厳しくなるようなことはなく、自治の校風は損なわれなかった。教員にその考えがなかったからだ。当時、自治会ニュースで小池さんが教頭に質問したところ、「生徒の自主性を生かす教育をこれからも続けていく」と答えている。

厳しい管理はなさそうだ。だが、それでも校内は落ち着いたわけではなかった。

教駒から筑駒になったころ、文化祭で次のようなことがあった。辻さんはこう話す。

「当時の高3の生徒は、文化祭（または音楽祭）の終わりに、〝何々教師死んじまえ〟という歌を祭りの最後のステージで歌う伝統があった。私は高3の担任としてその気配を感じ取り、これと思う生徒を呼んで、〝今日は死んじまえ節を歌わないように〟と伝えましたが、生徒が言うことを聞くわけがなく、文化祭の壇上で、〝死んじまえ節〟を歌いました。当時の校長は、新設された筑波大学から派遣された方で、人柄としては非常に誠実な方でした。しかし、校長の人柄が善意の人であることと日本の大学行政の管理を強めようとしてできたといわれる筑波大学の方針がどのようなものであるのかの判断がつかなかったこととは別で、校長の方針をそのまま受け入れることはせずに、校長から「だれが歌ったのですか」という問い合わせがありましたが、「調査はしましたがわかりませんでした」とお答えをしていました」

こんなこともあった。

筑波大のある教授が出張先の外国で亡くなり、その葬式の会場として、当時の「教駒」の体育館が使われることになった。

「今では考えられないことですが、筑波地区で葬儀を行うよりも、東京で葬儀を行うことが、その教授の外国の弔問客にも便利であると思われたようです。当時の情勢としては、筑波大学が教育大学附属駒場を受け入れてくれること、その教員を受け入れてくれることの見通しがほしかったので、このようなことが起きたと考えられます」

やがて、筑駒が管理強化されるという話はなくなり、大学との関係が悪くなることはなかった。教駒の教員も全員筑駒の教員となったのである。

東京大教授の小国喜弘さん（85年卒・33期）は、筑波大からの教育実習生を目の敵にした教員を見ている。「筑波からきたのはダメ」と話した。そんなことを生徒の前で言ってはダメだろう。小国さんは教員としてより人間としてイヤだった。

「ただ、今から考えると、筑波大の新しい管理方式に対する違和感をそのような言葉で表現せざるを得なかった部分があったのだろうと思います」

入試に抽選制導入

1970年代、国立大学附属学校について「税金を使ってエリート養成するのはけしからん」といった批判が出てきた。時の文部大臣は国会の文教委員会で「善処します」と対応する。その一言のため入試で抽選制を導入、遠隔地からの入学者の抑制（筑駒までの通学時間を制限）が行われた。学校史で元・教員がこう記している。

「「国立大学附属校のエリート化」に対する世間の批判の声が徐々に高まり、遂には国会でこの問題が取り上げられるに至り、文部省から「何らかの形で入試に抽選形式を取り入れるように」との指導が本校に対しても行われた」（『創立四十周年記念誌』）

前出の辻弘さんはこう振り返る。

「私たち教員は、受験生の志願書類に記された住所に出かけ、近所の人に「○○さんがここに住んでいますか」と聞き歩きました。このときはとても悲しくなりました。このようなことは教員のやる仕事ではないと思ったからです」

また、1970年代半ば、私立中学の受験塾が大きな社会問題になっていた。

1977年3月、文部省は「児童生徒の学校外学習活動に関する実態調査速報」を発表し、小学校6年生の26・6％が塾通いしていることを伝えた。新聞各紙は1面、社会面を大きく使って報道する（77年3月12日付け）。

朝日新聞「乱塾ぶり、全国に及ぶ」「受験過熱浮き彫り」

毎日新聞「塾5万に310万人」「乱塾時代まざまざ」「底に学校への不満」

東京新聞「〝乱塾〟列島おおう」「学校教育の本体どこへ」「授業だけでは心配で」

読売新聞「塾通い5人に1人」「全国に乱立さまざま」「乱塾もてあます文部省」

サンケイ新聞「塾通い全国で300万越す」「学校教育のひずみ浮き彫り」

記事のほとんどは、塾に通わせなければならない中学受験のあり方を憂えた論調である。それは灘、麻布、開成、教大附、教駒など東大合格者数上位校への批判につながっていた。なかでも国立大学附属学校は厳しい視線にさらされていた。

1978年の中学抽選制1期生には前年より500人増の1900人の応募者があった。増加の背景として、これまで中学受験で筑駒が合格圏内ではなかった受験生が「抽選」をうまく通れば受かる可能性があるという心理が働いたと、学校はみていた。

こうして、筑駒1期生（1978〜84年）が入学するが、自分たちは先輩たちに比べて学力が劣るのではないかという思いに苛まれていたようだった。学校はそんなことはないと指導する。しかし、現実は厳しかったようだ。文化祭の準備でアンケートを頼んだとき、こんなことがあった。ある教員が記している。

「「なんだ、このアンケートの文句は。意味がよく分らないじゃないか。抽選で入ってきたので国語の力が足りないのか。」と言われたそうで、デコ責の生徒が涙をぼろぼろこぼしながら担任のぼくの所に報告に来た」（『創立四十周年記念誌』　デコ責＝文化祭の出し物〔デコレーション〕の責任者）

大学を受験しなかった生徒が9人

筑駒1期生が大学入試を迎えるのは1984年である。この年の東京大合格者は89人(6位)だった。1973〜83年までの11年間のうち9年間は100人を超えていたことから、抽選制によってレベルが下がった、という見方がなされた。そして、これまで考えられなかったことだが、大学受験を取りやめた生徒が9人もいた。また、学内報によれば2段階選抜を通過できなかった(共通一次で足きりにあった)生徒が20人近くいる。学校は大きなショックを受けただろう。それでも合格状況について学内報でポジティブに受け止めている。

「東京大学への現役合格者が60名から45名に減った事になるが、諸般の事情を考慮すると、相当に善戦したものと評価していただければ幸いである。中学入試の段階で抽選が導入された第1回生であったので、かなり厳しい結果が出るのではないかという予測もあった事を考えると、生徒諸君が非常に頑張った事になると思う」(「駒場会報」1984年7月20日)

抽選前後3年間の大学合格状況は次のとおり。

・1981〜83年　東京大305人　他国立大49人　早慶84人
・1984〜86年　東京大241人　他国立大59人　早慶93人

東京大進学者数を大幅に減らしている。しかし、このあと、下がり続けるようなことはなかった。1985年72人（現役36人）、86年98人（現役50人）と戻している。抽選制になれば優秀な学生は減るかもしれないが、カリキュラムはそのままだった。合格実績を気にして受験シフトに変えるという発想はなかった。

一方、当時の教員の話によれば、放課後、塾や予備校に通う生徒が増えた。

1980年代、現役生向けの専門塾が開講した（以下、設立年）。鉄緑会＝東京大専門（1983年）、SEG＝数学（1981年）などへの通学者が増える。老舗の駿台予備学校の高校生クラスも人気があった。

1986年、筑駒生徒部は全校生徒に放課後の過ごし方について調査を行っている（中学361人、高校468人、回答率96・5％、学内報）。塾、予備校に通っている生徒は学年別に次のとおり。

中学　1年50・0％　2年62・5％　3年53・8％

高校　1年68・9％　2年76・8％　3年82・8％

塾、予備校に通う理由について、高校2年生は「実力をつけたいから」＝4割以上、「学校の勉強だけでは不安だから」＝約2割、となっている。

この結果について、ある教員は次のように受け止めた。すこし長いが紹介しよう。

「生徒たちが学校と塾・予備校を使い分けているふしが読み取れたことである。塾・予備校に求めることが、受験のための「実力養成」であり、一方、学校に求めるものは友情や人間関係を深めることであり、そのどちらにも高度な学問への期待は少ない。（略）

学問へのあこがれの乏しさは、学校生活の中では、文化祭やクラブ活動・旅行に期待を持つのであって授業についての期待は小さいこととも一致する。

授業については、「受験に必要かどうかによって学校の教科目の勉強に差が出るのも現状ではやむを得ない」という考えが、特に高校上級学年に進むにしたがって強く認めることが出来る。しかし、学校に生徒が求めるものは受験教育ではないという結果も現れている。これは塾と学校と、学習における二元化とみることもできよう。（略）

それと、小学校で始まった通塾が、勉強を常に受身で捕らえられる姿勢を益々定着させているということはないだろうか」（「駒場会報」１９８６年12月24日）

受験に役立つかどうかという指標が、筑駒での授業に力を入れる、塾や予備校に必要な科目の授業をきちんと受けるかを決める。塾や予備校で習うほうが役に立つのであれば、こちらを優先させる。これは筑駒に限らない。開成や麻布にもみられる傾向である。ただ、教員は筑駒の生徒が持っている「高度な学問への期待」を授業に寄せていないことを残念に思い、前述した「乱塾」という環境で、小学校時代から続く塾通いという「習い性」から学び方が受け身のままであることを心配する。

学校を抜け出しパチンコ屋で小遣いを稼ぎ雀荘でパイを並べる

一方、生徒気質はどうだっただろうか。授業を受ける態度ではけっしてほめられたものではなかったようだ。校内では一部に混沌とした雰囲気が漂っていた。教員の話を聞かない、授業をよくサボった、学校を抜け出して雀荘で過ごした、居酒屋で酒や煙草はあたり前だった、など……。無法とまでは言えないが、いまでは考えられないような放任状態である。それは1970年代から始まっていた。

高萩宏さん（72年卒・20期）は高校2年から3年にかけて学校へ行っても授業にはほとんど出ていない。

「科目の欠席時間を欠席日数として換算すれば相当休んだことになるのに、通知票では2、3日しか欠席になっていない。先生から「ちゃんとやれ」みたいなことは言われませんでした」

衆議院議員の赤澤亮正さん（79年卒・27期）は、教駒の自由さには圧倒されるばかりだった。

「遅刻、代返が許され、私語が飛び交う。先生がだじゃれをいうと「シー」とからかう。そんなすさまじい雰囲気でした。授業中に寝ている生徒がいても、まわりはなんか事情があるだろうから、寝かせておけ、というくらいです。その授業も教科書を使わず、自分の趣味で教えている先生もいました」

1970年代、帰国子女制度で入学したOB（79年卒・27期）が同窓会誌でこう振り返っている。

「今だから言えるけど、東大構内でタバコをよく吸いました。あそこも私服だし、私らも私服だからわかんないですよね（笑）。学食で、メシ食ったり、近くの飲み屋で飲んだり、雀荘で麻雀したり。出なくていい授業が結構あったから、サボって遊んでいました。ほかの人たちは、サボって図書室で勉強しているんですけどね」（「若葉会会報」40号、1997年）

岩本仁志さん（83年卒・31期）は、家族に筑駒時代の話をしてもなかなか信じてもらえない。

「朝いちに出席をとるだけなので、学校を抜け出してパチンコ屋で小遣い稼ぎをしたあと、雀荘に入ってパイを並べる。午後、授業が終わってそろそろ部活が始まるから学校に戻ってサッカーをする。そんな毎日でも先生は僕たちを信じていたのでしょう。何も言わなかった。これ、みんな本当の話なのですが、眉唾物と思われてしまいます」

度を超せば、ペナルティが待っている。タバコで停学になった同級生がいた。しかし、なぜか文化祭には顔を出している。教員も見て見ぬふりだったようだ。

時代は下るが、前田順一郎さん（93年卒・41期）は高校へ入学したとき、驚き、戸惑いの連続だった。出身の公立中学は校則が厳しい管理型で学年の上下関係が厳しい。授業中の私語などもってのほかだった。先生、先輩は敬うべき存在と信じていた。ところが、筑駒にはそんな雰囲気がまったくない。この学校はおかしい、と違和感を抱いた。

「カオスと自由、それが校風という感じでした。自分の頭で考えないと納得できない、という環境です。個人主義的なところが強く、絶対服従の世界にいないので、同年代の卒業生には一国一城の主となる学者が多い。総理だから尊敬する、政権党だから支持するという人は少なかったですね。わたしはそんな校風に当初、反発しました」

ただし、筑駒から学んだことは多いという。

「同級生はみんな優秀でした。筑駒にいたことで、トップにいる人たちがどれぐらいのレベルであるかということを把握できました」

前田さんは授業にまじめに出なかった。学校をサボっても厳しくとがめられない。授業は代返で済ませ、そのあいだ、喫茶店でタバコをふかしながら友人とサボっていた。授業が終わるころになると体育館に直行し、バスケットボール部の練習に打ち込んだ。

在学中、渋谷のチーマーが全盛期だった。

「筑駒にも1学年下にチーマーがいました。あるとき、わたしの同級生にパー券を売りに来たその後輩ともめてしまい、近くの駒場野公園でタイマンのケンカになったことがあります。相手は木刀を振り回していたので、頭に血が上り無意識のうちにそれを奪いとり、へし折っていました。その後、体育祭で応援団長をやったとき彼と同じ白組になります。白組は優勝し打ち上げの席で、抱き合って仲直りしました。今となっては何だかこっぱずかしい話ですね」

駒場野公園でのタイマン。3期下ぐらいまで「伝説」として語られていた。教駒・筑駒史上、きわめてレアな話である。前田さんにすれば上下関係が厳しい中学校出身ということもあって先輩後輩のけじめはつけたい。筑駒の自由野放図な校風への反発だった。

フリーライターの近藤雄生さん（95年卒・43期）は、筑駒に高校から入学した。在学中の1990年代前半、やはり渋谷から近いせいもあるのだろう、筑駒生にもチーマー的な雰囲気のある人がいた。ロン毛をなびかせワイルドな風貌で闊歩する先輩は、筑駒らしからぬインパクトがあった。イケメンぶりが強く印象に残る下級生は、いま国会議員になっている。渋谷では筑駒生をよく見かけることができた。彼らの集団はすぐにわかった。私服で持ち物も自由だが、駒場東大前のスポーツ用品店で購入した「WILDERNESS EXPERIENCE」のバッグをみんなが持っているからだ。

バブルがはじけた後の時代とはいえ、大学、高校の文化祭はまだ華やかだった。近藤さんは文化祭でプロレスを熱演しており、本物のプロレスラーが実況席に座っていたのを記憶している。ジャンボ鶴田である。会場はおおいに盛り上がった。当時、ジャンボ鶴田は筑波大大学院体育研究科コーチ学専攻で学んでおり、その関係で附属校のイベントに参加してくれた。

東京大、京都大のダブル合格者続出

どれほど放任状態であっても、東京大合格実績は変わらなかった。

１９８７年、88年、国立大学の試験日がＡ日程＝２月下旬、Ｂ日程＝３月上旬に分けられる方式がとられ、東京大がＢ、京都大がＡの日程で試験を行った。ＡＢ両日程の入学手続きが同日なので、京都大に合格し入学する権利を持ちながら、東京大の合格日まで待つことができる、ということになる。

これによって東京大、京都大の両方を受けダブル合格する生徒が相次いだ。

88年の東京大、京都大ダブル合格者高校ランキングが次のとおり。

①灘59人、②開成37人、③東大寺学園36人、④洛星34人、⑤東京学芸大学附属、甲陽学院28人、⑦麻布、洛南26人、⑨武蔵、栄光学園、ラ・サール21人、⑫千葉、筑波大附属駒場17人（大学通信調べ）。

同年、筑駒から1年浪人して東大理三、京都大医学部にダブル合格した生徒が話す。

「代ゼミと河合塾のタダ券があったので、いちおう代ゼミに通いました。（略）中学の入試は筑駒中と武蔵中に合格しましたが、学費が安いという点で筑駒。もし、武蔵中にいっていたら、現役で入れたかもしれないけど、筑駒は物理などは高3いっぱいかかったり、授業の進度も普通だったし、自分自身、勉強不足だったからまあ浪人も仕方ないです」

（『天才たちのメッセージ　東大理Ⅲ』データハウス、1988年）

タダ券とは、予備校が筑駒、開成や麻布のような東京大合格者数の多い高校出身者を特待生扱いして授業料免除にしたことをいう。筑駒卒の浪人生はたいてい駿台予備学校に通う。駿台でもっともレベルが高いコースには、現役で東京大に受かってもおかしくなかった秀才が集まる。駿台に特待生制度はない。それでも筑駒卒の浪人生は駿台に授業料を払って通いながら、無料で通える代ゼミや河合塾の本科生となって、好きな講師の話を聞く。そんな姿がみられた。代ゼミも河合塾も筑駒卒業生が「幽霊」生徒であっても、彼らが東京大に合格すれば、予備校の実績になり、ありがたい話だ。

数学オリンピックでメダリストが続々誕生

1990年、国際数学オリンピックに日本の高校生が初めて出場することになった。91

年には筑駒の生徒が初めて出場する。高校2年の児玉大樹さん（93年卒・41期）で、銀メダルを獲得した。92年、児玉さんは再び出場し日本人として初めて金メダルをとった。同窓会誌でこう振り返っている。

「日本にいると数学好きというだけで変人扱いされてしまうこともありがちですが、数学オリンピックの参加者同士ならば、そんなことはあり得ず、思う存分数学の話ができます。この文章を読んでいる数学好き中高生がぜひとも、数学オリンピックに挑戦してもらいたいです」（「若葉会会報」49号、2001年）

その後、筑駒から数学オリンピック日本代表に選ばれたのは、2022年までの累計で45人にのぼる。1990年代から、物理、化学、生物学、地学、情報、地理で国際オリンピック日本代表の高校生が出場するようになり、筑駒の生徒が各分野のオリンピックで上位入賞することが多くなった。

2002年から段階的に全国の小中学校、高校などで「総合的な学習の時間」（以下、「総合学習」）が始まった。

総合学習の狙いは、「自ら課題を見付け、自ら学び、自ら考え、主体的に判断し、よりよく問題を解決する資質や能力を育てる」「学び方やものの考え方を身に付け、問題の解決や探究活動に主体的、創造的に取り組む態度を育て、自己の生き方を考えることができるようにする」「各教科、道徳及び特別活動で身に付けた知識や技能等を相互に関連付け、学習や生活において生かし、それらが総合的に働くようにする」となっている。

筑駒が「総合学習」を導入したのは、2002年からだった。それ以前から総合学習の試行として、中学3年生に「テーマ学習」という時間を設定して、実践をつみ重ねていた。その02年に「日本人のアジア・太平洋戦争観を考える」というテーマの講座が開かれている。靖国神社参拝、戦争における加害と被害、特攻隊をどう考えるか、などが問われた。

もう一つ大きな改革があった。

2002年、文科省は科学技術や理科・数学教育を重点的に行う高校を指定する、スーパーサイエンスハイスクール（SSH）という制度を導入する。科学技術系の人材を育成するために、学習指導要領によらない教育課程を作り、理科、数学に重点を置いたカリキュラムを開発する学校を公募により選定することになった。筑駒はさっそく手をあげ、選ばれている。年間2500万円という学校支援では破格といえる大規模予算（当初の設定）が魅力的だった。

筑駒がSSHに力を入れたのには、もう一つ、大きな理由があった。2004年の国立大学法人化を控えて、筑波大の附属学校としてはっきりとした特色を打ち出す必要があったからである。附属学校不要論の払拭をSSHに託したといっていい。

筑駒はSSHとして具体的に次のような教育を実践した。

大学や研究所の最先端研究者による講義、また、体験実習や合宿も実施することで、論理的思考力、創造性や独創性などが身につくように指導する。理科では「先駆的な科学者・技術者の育成を目指す授業展開と教材開発」のために、たとえば、2002年、物理科は「発光スペクトルと水素エネルギー」、化学科は「エステルの合成と赤外吸収スペクトル測定」、生物では「GFP組織替え体での遺伝子発現調節機構の解析」などの授業を行っている。

さらに、開始当初から全教科での取り組みを行った。国語や社会でも科学的思考を育てるプログラムをたてた。今では全教科での取り組みは当たり前となっているが、スタート時は事業計画を通すのも大変だった。

筑駒、存続の危機

2000年代前半、政府が進める行財政改革の一つに、国立大学の独立行政法人化があった。大学運営を国にすべて依存せず、自分たちの力で自主的に進めなさい、というものである。そのために各大学は将来構想を掲げるようになった。

これを受けて、国立大学法人の附属学校として、筑駒も新しい教育方針を打ち出した。筑波大学附属学校改革推進委員会が設置され、最終報告書では次のようなテーマが織り込まれている。

「日本の戦後社会では、タブー視されてきた中等教育段階の「リーダー育成／エリート形成」の課題研究に、総合大学である本学と共同で取り組む。（略）教育学系、心理学系、体育科学系と共同で、諸外国の「エリート形成」、「才能教育」の制度やカリキュラムの研究、「リーダーに求められる自覚や責任、モラル形成」「活力ある子供の育成プログラム」に着手する」

戦後、小中学校、高校、大学は教育方針として、「エリート教育」を露骨に打ち出すことはできなかった。文部省（文科省）が政策として教育の機会均等を唱えている以上、エリート教育は相容れないものとなり議論される余地はなかった。戦前のエリートコース「一中、一高、帝大」を復活させてはならない、というロジックもあった。それゆえ、「エリート教育」をしているとみなされる学校は批判されることがあった。この場合の「エリート教育」とは、東京大合格実績という結果、東京大合格のための受験指導のことを指していた。

筑駒も「エリート教育」をしていると叩かれたことがある。東京大合格者が多くそのための受験指導を行っていると受け止められたのである。それは、国会でも取り上げられてしまう。存続の危機に立たされたことすらあった。

2010年代半ば、国立大学附属の小中学校、高校（以下、「附属学校」）は必要ない、つまり、筑駒はいらない、こんな議論が文科省の委員会で交わされている。

2016年12月5日、第4回国立教員養成大学・学部、大学院、附属学校の改革に関する有識者会議（以下「有識者会議」）で、埼玉県教育長・関根郁夫さんはこう話している。

「附属学校はあらねばならないわけではないんです。そういう意味で言うと、財政的な観点からいくと厳しいと思います。ですから、本当に存在価値がどこからも認められる形にしていかないと、将来的に言うと、廃止のターゲットになると私は思っています。（略）私が非常に危惧しているのは、基本的に附属学校に行く子たちは、優秀で豊かな子たちです。格差がどんどん広がっていく時代に、国立ではそういう子たちを育てていく意味があるのかということです」

これに対して附属学校の当事者である、元・東京学芸大学附属竹早小学校校長の田中一晃さんは、第8回の有識者会議（2017年6月19日）でこう説明した。田中さんは、全国国立大学附属学校連盟（全附連）事務局長をつとめる。

「附属学校は教育の二極化を生んだ元凶という、大変厳しい御意見を伺いまして、附属学校関係者としまして、深く反省しているところであります」
有識者会議とは、国立の教員養成系大学の教育や研究内容、附属学校の運営について議論される場である。委員には田中さんのほか大学教員、公立小学校教員、自治体教育長、新聞社編集委員が並ぶ。

悪い意味での受験戦争の解放区

なぜ、国立大学附属学校はこれほど卑屈感を漂わせ、「深く反省」しなければならないのか。不要論に有効な反論ができなかったからである。田中一晃さんは国立大学附属学校の入学時における抽選実施状況を説明している。幼稚園・小学校が約70％、中学校が20％弱、高校と中等教育学校がゼロ、特別支援学校が30％弱である（2011年調査）。抽選率の低さから、田中さんは附属学校への批判を素直に受け止めている。
「こういった仕組みから、特別意識、特権意識が強くなった附属学校に対して、世間から附属学校は何のためにあるんだと、ごく一部の人にしか恩恵をもたらしていない附属学校は要らないという声が出てきても不思議ではないと思っています」（第9回有識者会議）
田中さんの心中は穏やかではない。たいそう危機感を募らせている。
「この有識者会議からの多様な児童生徒を受け入れられるよう、選考方法を改めるべきといった提言が検討されていることは、私個人的にも非常に衝撃的なことですが、だからこそそこが附属学校改革の鍵になるんだろうなと思っています。それは入学者選考の見直しがそれぞれの附属学校の存続を左右する大きな要因になると思うからです。例えば入学者選考を抽選のみとした場合、それは結果的にはだれでも入れる学校となるわけです。そうなった結果、今、保証されているブランド力というものは失われていくわけですから、そこを目当てにしている家庭が敬遠する分、入学志願者は次第に減少していくことになると思われます」（同）

抽選を徹底させ「だれでも入れる学校」になったら、極端な話、入学者がいなくなり学校がつぶれるのではないか、という危機感がにじみ出ている。

有識者会議での発言「二極化を生んだ」は教育格差を生じさせたと読める。これは日本の教育にとってよろしくない、それゆえ、附属学校は「存在意義というのはなかなか難しい」と批判されてしまう。なかでも筑波大附属駒場高校は東京大現役合格率1位を長く続けている。最高は1976年の59・6％である。2023年は45・6％で2位以下を大きく引き離した（現役合格者73人、卒業生160人）。「二極化を生んだ元凶」として真っ先に「廃止のターゲット」と名指しされかねない。田中さんは、あえて筑駒の名前をあげてこう説明した。

「国公私立を含めて、一、二の進学校として知られる筑波大学附属駒場中・高等学校など、国を代表するような教育・研究を行っている附属学校は大きな方向性を変えずに、今の教育・研究を推進していくに当たり、周囲からの批判は出ないのではないでしょうか。それは、公私立では真似のできない、国立ならではの姿がそこにあるからで、ある意味で、国家の財産と考えているからです」（第8回有識者会議＝2017年6月19日）（以上、有識者会議の発言は文科省ウェブサイトから）

筑駒が「国を代表するような教育・研究を行っている」かどうかについて、エビデンスは示されていないし、他校との優劣もつけにくい。万人が頷く話ではないだろう。それよりも「国家の財産」というくだりのほうが妙に説得力を持ってしまう。筑駒には優秀な生徒が集まって、彼らが主体的に運営する学びの現場が見られる。なるほど、将来、官僚、学者、ビジネスなどの世界で活躍できる人材を育成するという意味で国にとって大きな財産と言えよう。

国立大学の附属学校に対する批判は、このときが初めてではない。国費で「エリート校」を運営していいのか、などは半世紀以上前から言われてきた。文部省、文科省内でも学歴社会の助長、教育格差の拡大などを理由に風当たりは強かった。

国立大学の附属学校不要論はこれまで何度かメディアで伝えられてきた。

1968年の新聞報道では「国立大付属校　エリート化は困る　文部省、体質改善に動く」という見出しを掲げられ、そのあり方についてこう報じている。

「……知能の面でも、経済的な環境の面でも多種、多様な生徒を受入れる「平均的な学校」でなければならない。しかし、現実には、この趣旨を盛った文部省大学学術局長の通達（三十一年）はさっぱり生かされておらず、エリート校への傾斜をますます強めている──と文部省はみている」（朝日新聞1968年4月15日）

1972年、附属高校の協議会において、和光大学長で教育学者の梅根悟さんは週刊誌でこう訴えている。

「受験戦争などというばかげたことにブレーキをかける立場にあるのに、逆に拍車をかけ、悪い意味での受験戦争の〝解放区〟になっています。（略）付属の先生の中にも「教育実習をするためには、できの悪い生徒では困る」などという人がいるが、これは間違っています。先生は普通の学校で普通の生徒を教えるのだから、普通のレベルの学校でなければ意味はないのです」（「週刊読売」1972年4月15日号）

附属の統廃合、つくば移転……

1977年4月、衆議院予算委員会で附属学校へのあり方が言及されている。社会党議員が文部省に「たとえ一部であってもエリート化しているのは、教育研究のため役立てるという設置目的から逸脱し、公教育全体へ悪い影響を与えている」と問いただした。

これに対して、海部俊樹文部大臣は「目にあまるものに対しては本来のものに戻すよう、強く指導する」、文部省の大学局長は「多様な子どもを入学させるためには学力試験を行うにしても、まず抽選で志願者を絞るべき」と答えている。

同年8月、文部省系列の日本教育大学協会（国立大学教員養成系学部などで構成される団体）は、附属学校の「エリート校」化を防ぐためにガイドラインをまとめた。附属学校に次の趣旨の改善策を通達している。①入試日、入試問題を公立校と同一にする、②調査書を尊重し推薦入学を採用する、③抽選制を採用、学力試験が競争をあおらないように基礎的問題にする。

このガイドラインを受けた形で、1978年、教駒から筑駒へと改称されたとき、抽選制を導入したのだ。

1990年代、メディアが附属学校の廃止論、移転論を伝えている。

「週刊朝日」（1993年11月12日号）は、「国立大附属小・中・高を襲う「廃止論」」というタイトルの記事を掲載し、筑駒中副校長のコメントを紹介している。

「附属の見直しのワクを超えて、一部では不要論が起きています。附属への批判は、一九六〇年代初めから十年周期であった。八〇年代までは、受験エリート論からの批判だったが、九〇年代になってそういうレベルを超え、存在そのものを問う批判になっていった。

このころ、バブル経済が崩壊し平成不況と言われる「失われた20年」に突入しつつあった。盤石とされた大企業でも経営が厳しく統合再編が行われ、省庁や自治体も合併が進んだ。日本経済が傾き、国の財政はどんどん逼迫するなか、国立大学附属学校のような税金で賄う教育機関が必要なのか、という意見が出るのは不思議ではない。教育機関も「合理化」の対象として議論された。

「アエラ」（1995年12月18日号）では、「筑波大附と筑駒の移転・統合説に迫る　国立大附属の憂鬱」と銘打った記事を載せた。筑駒のような筑波大の附属学校は組織上、大学の附属学校教育部の管轄下に置かれる。同誌で附属学校教育部長がこう話している。

「附属は、教育の実践・研究に有効な情報を発信できなければいけない。伝統や歴史にあぐらをかいていてはだめです。その意味では、危機意識が不足している学校もある。いい意味でのプレッシャーは必要です」

筑波大附属の教育機関として、大塚と駒場（東京）と坂戸（埼玉）に小中学校や高校、そして支援学校などがある（大塚は小中高、駒場は中高、坂戸は高校）。「危機意識が不足」の学校がどこを指すかは不明だが、東京大など難関校進学実績で「伝統や歴史にあぐらをかい」たという点では、大塚、駒場を指しているといえよう。
教駒から筑駒に改称されたとき、筑波への移転話はあった。都内に入試が難関で大学進学実績が高い「エリート校」が2つも必要かという議論から筑附と筑駒の統合を求める声が、筑波大や文部省のなかであった。火のないところに煙は立たず。この報道の一つのきっかけは、筑波大学長の私的諮問機関、学校教育部・附属学校等に関する検討会で交わされた議論で、「附属の統廃合及び、つくば移転をも含めて将来計画について検討する」という合意があったことだ。ただ、計画の検討であって、すぐにでも統廃合、移転を検討とはなっていない。それでも、筑駒、筑附は危機感を抱いた。筑駒副校長のコメントが紹介されている。
「危機意識を十分持っています。正直言って、受験進学校と見られている今のままでいいとは思っていない。しかし、それを乗り越える具体的なビジョンが果たしてあるかと問われると、弱い部分があります」(「アエラ」1995年12月18日号)
やがて、こうした「危機意識」は、2000年代のスーパーサイエンスハイスクール、筑駒アカデメイア、筑波大学訪問授業の実現という、筑駒の新たな教育を生み出していく。

国立大学統合再編のなかで筑駒の民営化が語られた

2000年代に入ると、「エリート校」批判に加えて、国の台所事情からも附属学校に厳しい視線が送られた。

2000年8月～01年9月、国立の教員養成系大学・学部の在り方に関する懇談会（以下、「懇談会」）が開かれ、附属学校にやっかいな提案を突きつけている。01年4月の懇談会で、附属学校は「本来の目的から離れ、一部エリート校化している。閉鎖的で大学との連携も不十分」と指摘された。

00年8月の懇談会では検討事項として次の3点が示される。筑駒など進学実績が高い附属学校にはかなりショッキングな内容である。筑駒の視点に立って簡単に解説しよう。

①「研究や教育実習を附属校ではなく公立校で行うことを基本とする」。筑駒から研究や教育実習を奪うとすれば、そもそも筑駒の存在理由がなくなってしまう。

②「教員養成を目的としない附属の存廃を検討する」。教員養成系ではない筑波大に附属は必要ないということであれば、筑駒の存在理由がなくなる。

③「いわゆるエリート教育のため、可能なところは学校法人化（私立化）する」。筑駒が進学校としてあり続けるならば開成や麻布のように私立になりなさい、ということになる。

筑駒つぶし、とは言い過ぎだが、文部省内では筑駒の評判が良くなかったのは事実だ。

なぜ、この時期に附属学校を揺るがすような議論が出されたのだろう。大きく分けて要因は2つある。

一つは、小泉純一郎政権で郵政民営化に代表される「聖域なき構造改革」という経済政策が大学にも及んだことである。国立大学統合再編、そして地方移管や民営化が語られるようになった。なかでも各都道府県に1校ある教員養成系大学が縮小、統合の対象となった。そこでは、国立大学附属学校も当然、含まれる。国費で小中学校高校を運営するのは無駄ではないかという意見も出ていた。それが、「私立化」というかなり乱暴な案につながったのだろう。

もう一つは、2001年6月に起こった大阪教育大学附属池田小学校で8人の児童が殺害された無差別殺傷事件である。加害者は犯行動機について「エリートでインテリの子をたくさん殺せば、確実に死刑になると思った」と供述した。文科省にとってはたいへんな衝撃だった。附属学校関係者で「自分たちの身が危険な状態にさらされている」と受け止めた者もいた。懇談会のある委員はこの事件から「附属学校のようなエリート校が必要なのか」と話している。

当時、筑駒の副校長をつとめた井上正允さんをたずねた。校内で「エリート校」視されることについて議論がされたという。懇談会の私学化案についてこう話す。

「私学になったら今の学校規模では運営できないし、筑駒の校風や伝統、学校文化は維持できないでしょう」

井上さんから見れば、筑駒には学校が意図しないで結果的に天才、秀才が集まってくる。この場合の天才、秀才は、ＩＱの高さ（かつての知能検査による評価）が基準となったすぐれた才能を持っている、クリエイティビティに富んだ多様な才能を持っている、すぐれたリーダーシップをとることができる、などを指す。

２０００年代、井上さんによれば、この件は教員のあいだでさまざまな議論がなされ、次のことが確認されたという。「大学進学実績を売りにするのではなく、社会のさまざまな分野で貢献できるリーダー的人材の育成を学校方針とする」「筑駒が五十数年かけて創り上げてきた伝統、学校文化を絶やしてはならない」（『創立六十周年記念誌』２００７年）

井上さんはこう説明する。

「①点数が優先される結果主義、②短時間で問題が解けることが良いこととされる効率主義、③競争原理が強いこと、④受験算数イコール算数・数学主義という通念、などを学校教育でどのように突き崩していくか。これは中学生を担当する教師の仕事になります。生徒の課題となる自分探しと自分づくり＝アイデンティティを形成するためには、小学校時代の塾や親がかりのスタイルや構えをいったん崩す「自分くずし」が大前提となります。

親や教師が生徒たちの自分くずし、自分づくりの作業をどうサポートできるか。そのために学校は何を用意したらいいか。大学受験が目標になるのではなく、こうした部分にじっくり時間をかけて生徒たちと向き合ってきました」

２０１１年、民主党政権時代、事業仕分けで附属学校がその対象として議論されたことがある。不要論に発展するかに見えた。このとき、ＯＢで経営共創基盤ＣＥＯ（当時）の冨山和彦さん（79年卒・27期）が厳しく批判している。

「与党の政治家さんたちから、「この学校が某大学進学ばかりにとらわれ、海外への進学もなく男子校であることもけしからん。廃校すべし」と分けられた。いかにも不勉強で狭量なご託宣である。そういう連中が大臣だったりするから、政権の器量は推して知るべしか」（毎日新聞２０１１年６月29日）

SSH（スーパーサイエンスハイスクール）、筑駒アカデメイア

しかし、２０００年代半ばになると、風向きが少しずつ変わってきた。筑駒への「エリート教育」批判が弱まったのである。当時の高校副校長がこう振り返っている。

「21世紀を迎えるころから新自由主義の流れからか「ある種のエリート教育も日本の将来のために必要では」という潮目に変わってきました」（「若葉会会報」67号、２０２０年）

２００５年、副校長の井上正允さん、教員の大野新さんは、日本カリキュラム学会で研究発表したレジュメにこう記している。

「筑駒は、大学受験から一歩距離を置いた「エリート教育」「リーダー形成」研究を進める。２００２年度から取り組んだＳＳＨ研究がその一つの回答になっている。（略）教育学系、心理学系、体育科学系と共同で、諸外国の「エリート形成」、「才能教育」の制度やカリキュラムの研究、「リーダーに求められる自覚や責任、モラル形成」「活力ある子供の育成」のプログラムについての研究に着手する」（「日本型「リーダー形成」の要件と学校カリキュラムの研究（1）」）

「ＳＳＨ研究がその一つの回答」と位置づけた筑駒は、「エリート教育」の成果をさまざまな形で示した。

その一つに大学訪問がある。

２００５年、筑駒は中学3年生に最先端研究を体験してもらうために筑波大研究室訪問をはじめた（２００6年からは高校2年生も訪問）。筑波大は筑駒生の希望に応じたテーマで講座を用意し、生徒は希望するところで教授から直接指導を受ける。これまで、「ゲーム理論実験」（社会・国際）、「遺伝子組み換えの作物の現状と課題」（生命環境）、「白血病への挑戦」（医）などが取り上げられている。

2015年、筑駒高2年生が筑波大の医学系講座を訪問している。そのときの様子を次のように話す。

「午後は「肝臓の疾患モデル」として人工的に肝臓に病気を作ったマウスと健常なマウスを解剖して、各臓器（主に消化器系の）を観察、また、両者の肝臓を比較しました。生きたままの動物を解剖するのは初めての経験で、かなり緊張したのを覚えています」（「駒場会報」175号、2016年）

いま、文科省は高校と大学が連携する「高大連携」をすすめている。これは大学入試で大学が求める生徒、高校が送り出したい生徒に関する情報交換的な意味あいが強い。しかし、教育、研究においても高校で学ぶ基本的な内容について、大学で研究されている最先端分野で解き明かす、という高大連携もありえる話だ。筑波大と筑駒はその関係にある。もっとも、ここでは入試レベルの連携は行っていない。筑波大の医学系講座で学んだ筑駒生が、系列校だからといって筑波大医学群へ優先的に入学できるわけではない。慶應義塾大医学部のように附属校からの推薦枠を持っていないのである。筑駒生の学力ならば一般入試で筑波大医学群には受かるだろうが、ここ数年、合格実績はほとんどない。2023年、医学部への合学者は東京大理三7人（推薦で医学部1人）、慶應義塾7人、東京医科歯科大3人、順天堂大3人、横浜市立大2人、東京慈恵会医科大2人、名古屋大1人、金沢大1人だった（浪人を含む）。筑波大は筑駒生訪問で出会った意欲的で優秀な筑駒生に、大学の魅力を猛アピールして積極的にスカウト、勧誘すべきだろう。筑波大にすれば「頭脳流出」を防ぐ算段を立ててもいいと思う。現在、入試で高大連携は認められていないが、受けいれ枠を設けるなど柔軟に対応してもいいのではないか。

ＳＳＨでは学習指導要領の範囲をはるかに超えた、大学、とくに大学院レベルの高度な専門性に挑むことがある。その成果が示される機会があった。国際科学オリンピック参加、メダル獲得である。なかでも国際数学オリンピックでは灘、開成を圧倒するような天才、秀才を生み出すことがあった。

窪田壮児さん（18年卒・66期）は２０１７年、数学オリンピックに出場し銀メダルを獲得した。中学受験塾サピックスの機関誌で、「印象に残った授業は」という問いかけに、こう答えている。

「筑駒高校2年のときの数学の授業です。ある命題を証明するという内容だったのですが、先生もその命題の真偽がわからない状態からスタートし、先生も生徒も対等にアイデアを出しながら、ものすごいスピードで議論が進んで、とても刺激的でした。最初からゴールがわかっていて、それまでの道筋をたどっていくのではなく、道そのものを自分で考えながら、ゴールに向かう学びを体験することができました」（「さぴあ」２０１８年9月号）

筑駒では「先生も生徒も対等にアイデアを出し」合うことが、可能だったわけである。

生徒は国際科学オリンピックで自分の才能を発揮したい、と夢を抱く。教師も生徒の才能を開花させるため、できる限り後押ししたい。そのために高校教育をはるかに超えた高いレベルで議論してもいいではないか。目の前に天才がいる。彼らには思う存分、暴れてほしい。生徒と教師、両者の思いはしっかりかみ合っている。

2007年、社会貢献事業として「筑駒アカデメイア」を開講し、講演会、公開講座をスタートさせた。筑波大および筑駒の生徒、教員が「学ぶ喜びの体験」を目指すものである。2009年には自治医科大教授の尾身茂さん（69年卒・17期）が「新型インフルエンザ――その他　何でも」、2021年には大阪大教授の岡田随象さん（99年卒・47期）が、「遺伝統計学の世界へようこそ――疾患とゲノムを結びつける」という講演を行った。

グローバル化にも取り組んだ。

2009年、台湾国立台中第一高級中学と交流を開始した。2015年には同中学と姉妹校提携を結んだ。2011年に台湾を訪問し、台中一中の生徒と交流した高校2年生はこう記している。

「私はオフの時間に台湾の生徒と社会問題について話したことが印象に残っています。原発の是非、現在の政治……社会に貢献するのはまずその社会のことをよく知り、自分の意見を持つ必要があるわけですが、そのうえで視野を広くする大切さを実感しました」（「駒場会報」１６４号、２０１２年３月）。

２０１２年には韓国釜山国際高校と交流を開始している。

自分のアイデンティティをどう確立したらいいのか

これまで見てきたように、２０１０年代まで、メディア、文科省（文部省）、学者の世界で、国立大学附属学校不要論が渦巻くなか筑駒は存続の危機に何度かさらされてきた。統合、筑波移転、民営化（私立化）……。その都度、筑駒は底力を発揮した。新しいテーマを打ち出して、不要論をはねのけてきた。

そんな筑駒の校風、生徒気質の話に戻ろう。２０００年代になると、サボり、酒、煙草、雀荘という奔放さ、無秩序さは見かけなくなった。もっとも、教室で麻雀を楽しむ生徒はいた。

株式会社ｒｅ社長の福村圭祐さん（12年卒・60期）は文化祭を見て筑駒に入りたい、と思った。２００５年、バラエティ番組「学校へ行こう！」に筑駒生による「筑６」が登場しダンスを披露していた（同番組の司会Ｖ６に因んでの命名）。「筑６」は高校生メンバーが受験に近い時期までの1年間、ダンスの練習をしていた。

「あの熱量には感動しました。勉強ができたらいい、という環境ではない。その上でどれだけ好きなことをやれるか。そこで自分のアイデンティティをどう確立したらいいのか。筑駒に入っていちばん最初に思ったことです」

出版社勤務の吉川裕嗣さん（12年卒・60期）は筑駒中に入学した時、「落ち着かないヤツが多いなあ」と思った。授業中に教室で奇声をあげて机に潜り込んだ生徒もいる。塾でも見かけなかったタイプだった。授業中、教科書とは違う本を読んでおり、カバーは教科書だが上下さかさまになっている。教員から「逆だよ」といわれると、「カバーだけ逆でした」と答える。「授業はまじめに受けるものだと思っていたので、教員をなめている雰囲気があり、カルチャーショックでした。筑波大の教育実習生にはいじめてなんぼという感じで話を聞かない。自分のほうが厳しい選抜を通ってきたという自負心、ナルシシズムが充満していました」

２０１０年、夏休みに行っていた文化祭の準備作業を中止することになった。勉学に支障を来すというのが、その理由だ。夏休み中に十分な勉強時間を確保するようにという、学校が決めたことだが、これまでの筑駒を考えると、らしくない。

3・11を経て

２０１１年3月11日。東日本大震災。

高校副校長がこう振り返っている。

「生徒をグラウンドに集合させるとともに、教員で分担して全校舎を巡回し、生徒の安全確認と校舎の被害状況を調査、大きな被害はないことを確認しました。さらに余震が続く中で、これ以上、活動できないと判断し、正門前に生徒を集め、徒歩等で帰宅できる生徒は下校させはじめました。（略）夕方になってきたため、対策本部を一号館会議室に設置、校内に残っている生徒の宿泊体制の議論などに移りました。インターネットこそ使えませんが、電気・水道・ＴＶなどはすべて普通どおりなので、宿泊することとなった生徒は半分修学旅行気分のところもありました」（「駒場会報」１６２号、２０１１年9月）

交通機関が動いていないため、帰宅できない生徒１５１人と教職員37人が学校で一晩、過ごす。中学1、2年74人は創立50周年記念会館、中学3年と高校生合わせて77人は高校校舎の1、2階教室を寝場所としている。災害による初めての宿泊だった。

翌朝、20リットルの湯を沸かし、「アルファ米　尾西の五目ごはん」を朝食に出し、家庭と連絡がついた生徒から帰宅させている。

見城佑衣さん（19年卒・67期）は中学1年のとき、社会科の授業で東日本大震災についての授業を受けた。石巻の大川小学校の話が取り上げられ、強く印象に残っている。中学3年では「総合学習」として地域研究に取り組み、東北の被災地をまわった。訪問先へのアポイントメントはすべて自分たちでとった。ここで、見城さんは、自分が想像していたこととの乖離を強く感じる。

高校1年になって「ふくしま学宿」と呼ばれる研修旅行に参加した。

「まだこんな状態なのか。メディアなどの情報から抱いていたイメージと目の前の現状の差に驚きました。福島だけではなくもっと他のところも見たいと思い、高校3年の4月に一人で東北へ旅行に行きました。現地でしっかりいろいろなところを見て回りたかったからです」

レールは敷かれていない

国家公務員の田原大嗣さん（16年卒・64期）にとって、筑駒は生徒の学力を競う場ではなく、「変なこと」を争うところだった。筑駒気質についてこう話してくれた。

「授業中にダンスをはじめるとか。いかに狂えるか、どれだけ変なことをできるかを自慢するところがありました。あんまり変だと仲間はずれにされがちですが、筑駒生はやさしいので、全部認めてくれました。勉強できるだけではだめだ、と思って、すごく変なことをしておもしろがるという雰囲気です」

蓮池遼太郎さん（17年卒・65期）は生徒気質について、こう話す。

「良くも悪くも個人主義で、他人に過剰に興味を持たないタイプが多いと思います。また、周囲からの話を鵜呑みにするのではなく、自身で取捨選択をしながら受け取っている。例えば、特定の政治思想色が強く出た授業などを受けた際も、生徒の側がそうした教員のイデオロギーとは切り離して受け止め、自分なりに考えている。周囲の環境や情報を自身で整理しながら、自分の成長のために必要なものを選択して摂取しているイメージがありますね」

２０１８年、高校自治会が筑駒ＯＢ職場見学ツアーを開催した。筑駒には理系向けイベントが多い。文系向けのイベントを企画したらどうかという発案によるものだった。同年は東京地方検察庁、アンダーソン・毛利・友常法律事務所を訪問した。

２０１９年の筑駒ＯＢ職場見学ツアーは好評につき4社2コースに拡大する。Ａコース（ウェルスナビ、マッキンゼー・アンド・カンパニー日本支社）、Ｂコース（アクセンチュア、商船三井）に分かれて見学した。

２０１９年秋、２０２１年から導入される大学入学共通テスト、とくに英語民間試験導入について、筑駒の2年生が文科省前の抗議行動に参加した。わたしは彼に話を聞き、ニュース・情報サイトAERAdot.（2019年10月25日）で報じた。以下、抜粋する。

――大学入学共通テストの根本的な問題点はどこにあると考えますか。

「入試制度改革の流れをみて感じたのは、試験本番の運営のことをなにも考えていないということです。どのような事務的手続きが必要なのか、いかなる不測の事態が起きるのかについて、まったく対応できていません。きちんと制度設計しているのでしょうか。50万人の受験生が同時に受ける試験なのに、試験内容、スケジュール、実施会場などの決め方が、行き当たりばったりです。入試政策うんぬん以前に、入試実施にあたっての運用能力に問題があります。最近でも、英検の申し込み期限が延期されました。はずかしくないのでしょうか。民間委託といいながら、民間ならばこんなことは通用せず、問題視される事態です」

――大学入試はどうあるべきでしょうか。

「本来、入試は大学が入学してほしい学生を選抜するために考えるものです。それを国が見繕って第三者に作らせた試験で試そうとする。これは大学の受験生選抜の意志に反していませんか。入試の仕事じゃないものを入試にさせている。入試を入試ではないものにしています。思考力、表現力を身につけさせたいならば、アクティブ・ラーニング、ディベートのような営みは教育現場で行えばいい。それをたかだか1、2時間の入試で思考力、表現力を試すとか、まして、これらを民間に委ねるとか、やり方は間違っています」

――文科省に訴えたいことをお願いします。

「ぼくたちに入試を受けさせてください。大学入学共通テスト。ひとことで言えばこれは入試ではありません。入試を入試じゃなくする制度です。構造的な欠陥を多く抱えています。荒唐無稽な制度はいますぐ中止して、見直すべきです」

その後、文科省は英語民間試験導入の見送りを決定した。のちに文科省の担当者からこんな話を聞いた。

「あの記事は省内で話題になりました。反論ができなかったからです。英語民間試験導入の見送りは教育関係者の反対意見の高まり、そしてこの高校生の批判を厳粛に受け止めたものです。世論に動かされたといっていい」

たしかに反論できない無理筋な入試改革である。筑駒生の意見が教育政策を変えた、というには大げさだが、少なからずのインパクトを与えたのは間違いないだろう。見方を変えれば反政府、反体制運動ではある。筑駒の教育理念の一つ、「世の中のため」が実現されたという意味で、特筆すべきことである。

2020年度は、コロナ禍によって、4月からオンライン授業を実施した。音楽祭、体育祭は中止、開催規模縮小となった。

文化祭は10月30日〜11月1日にオンラインで開催した。ウェブサイトのPV数5万2915人、YouTube総視聴者数は2万6961人を数えた。

2010年代、筑駒には優れたOBが活用されることによって、さまざまな体験ができるメニューが増えた。さりとて校風、生徒気質には大きな変化はないといっていいだろう。

東京大の学生、川口音晴さん（21年卒・69期）は次のように話す。

「何か突出してできることで変人扱いされなかった、ということを感じることは多いですね。そこを見守ってくれている学校という気はしました。レールは敷かれてないし、押し付けても来ない。敷いてくれないと見る人もいるが、自分は自分で走ればいいんじゃない、っていうところがあります」

1970年代後半、筑駒に校名変更してからも進学校として絶大な支持を受ける一方で、学校存続の危機に向き合うことが何度かあった。民営化、筑波移転、事業仕分けの対象などだ。東京大合格者数や現役合格率で高い水準が続いたため、筑駒に批判の矛先は向けられたままだった。

2010年代半ば、筑駒へのアンチ、逆風らしき見方はほぼなくなった。この間、筑駒の教員たちは自らの存在意義について議論し、中学や高校の受験関係者に訴えてきた。それまでは筑駒の魅力をあえて説明することはしていなかったが、学校説明会を開いて受験生に学校のようすを発信しはじめたのも大きなきっかけとなった。

これらがすべて受け入れられたというわけではないが、筑駒が都内での受験最難関校だからという理由だけで注目されることはなくなった。文化祭で体感した自由な校風、国際科学オリンピック出場者多数、三大行事などに魅了されて、筑駒を強く志望する小中学生はいる。

そして、社会的な背景が大きく変わったことも大きい。

1990年代から首都圏で中学受験ブームが広がった。保護者はわが子に東京大など難関大学に入ってほしい、また、いじめや不登校などが報じられる公立中学校より私立や国立の中高一貫校に行かせたほうがいい、と考える。私立や国立にいじめなどはないという事実関係が証明されたわけではないが、それ以上に公立への不信感は強くなった。中学受験ブームはこうした公立の「敵失」的な要因もあった。

2010年代から今日の筑駒生に話を聞くと、異口同音に「居心地が良かった」という答えが返ってくる。前出の蓮池さんが指摘する「良くも悪くも個人主義で、他人に過剰に興味を持たない」、そして、川口さんが言う「何か突出してできることで変人扱いされなかった」という雰囲気からだろう。ある分野に突出した才能を持っている、たとえばやたら算数ができるゆえ目立ってしまい、それが理由でいじめられるケースがある。まわりと同じように目立たないようにしていればいいのだが、いわば同調圧力に従うのが苦手で、つい、才能を目立たせ、まわりから浮いてしまう。しかし、筑駒に入ってしまえば、一分野にやたら秀でた才能突出型生徒はめずらしくないので、数学でとんでもない才能を発揮して浮いてしまうことはない。

筑駒は農教、教駒として開校してから75年以上にわたって、そんな校風を保ち続けた。伝統として引き継がれたとしたら、自慢していい。それが国際科学オリンピックメダリスト輩出率の高さにつながっており、これが筑駒の大きな特徴の一つだとわたしは思う。ひとことで言えば、才能をつぶさなかった。生徒自身、自らの才能を存分に発揮しようとしていた。才能に気付かない者、才能に気付いても生かそうとしなかった者もいる。千差万別であり、右へならえを好まない筑駒生気質がうかがえる。

一方、こうした筑駒生は大学入試では帳尻をしっかり合わせてしまう。教駒・筑駒の大学進学実績を本章の締めくくりとして、掲載しよう。東京大合格者数の多さ、現役合格率の高さは、中学入試で最難関をクリアしただけでのことはある。受験勉強は得意だ。優れた才能を東京大入試にシフトさせる術を持ち合わせている。

では、筑駒生が持ち合わせた才能（個性と言いかえてもいい）は具体的にどのようなものか。次章でくわしく見てみよう。

教駒・筑駒卒業生の東京大、早稲田大、慶應義塾大への進学者
（卒業年＝○期ごと）

期	卒業年	東京大	早稲田大	慶應義塾大
1	1953	7	13	5
2	1954	7	14	6
3	1955	11	20	11
4	1956	28	21	15
5	1957	22	18	24
6	1958	26	19	24
7	1959	28	20	25
8	1960	22	12	12
9	1961	27	22	13
10	1962	36	31	15
11	1963	43	36	12
12	1964	51	15	14
13	1965	82	23	15
14	1966	76	26	9
15	1967	87	24	18
16	1968	50	11	6
17	1969	40	19	9
18	1970	119	5	3
19	1971	110	15	7
20	1972	96	23	14
21	1973	107	1	4
22	1974	115	8	8
23	1975	126	14	10
24	1976	103	17	10
25	1977	90	11	10
26	1978	117	7	4
27	1979	107	12	11
28	1980	116	9	15
29	1981	103	19	7
30	1982	95	15	20
31	1983	107	11	11
32	1984	72	22	18

期	卒業年	東京大	早稲田大	慶應義塾大
33	1985	83	17	22
34	1986	86	4	10
35	1987	77	13	15
36	1988	77	18	18
37	1989	65	17	21
38	1990	85	13	12
39	1991	68	8	30
40	1992	77	12	14
41	1993	78	13	12
42	1994	84	7	15
43	1995	83	8	19
44	1996	88	10	18
45	1997	92	9	18
46	1998	92	10	18
47	1999	89	12	20
48	2000	97	8	14
49	2001	94	5	11
50	2002	99	2	7
51	2003	94	6	13
52	2004	96	11	3
53	2005	86	5	18
54	2006	66	5	3
55	2007	84	9	14
56	2008	75	11	17
57	2009	105	6	17
58	2010	100	5	15
59	2011	103	7	11
60	2012	83	13	12
61	2013	99	10	15
62	2014	103	5	10
63	2015	112	3	10
64	2016	100	8	15

〜〜年卒業生（○期）が進学した大学。2006年卒（54期）は現役のみ。1975年卒（23期）が東京大に126人進学しており、歴代の学年でもっとも多く合格した。「若葉会会報」、「駒場会報」、『二十周年記念誌』、『創立三十周年記念誌』、『創立四十周年記念誌』、『創立五十周年記念誌』、『創立六十周年記念誌』、『創立七十周年記念誌』から作成

教駒·筑駒生の東京大、京都大の合格者

年	東京大	東京大理三	京都大
1953	5	—	
1954		—	
1955		—	
1956		—	
1957	11	—	
1958	8	—	
1959	10	—	
1960	22	—	
1961	23	—	
1962	30	1	2
1963	49	2	
1964	52	2	1
1965	66	1	1
1966	82	3	
1967	68	3	1
1968	91	1	1
1969	入試中止		8
1970	136	8	5
1971	103	3	
1972	84	2	
1973	134	7	6
1974	115	10	
1975	123	9	
1976	113	8	2
1977	88	5	
1978	123	6	
1979	102	4	2
1980	107	7	2
1981	110	7	1
1982	93	2	3
1983	102	4	1
1984	89	8	6
1985	72	6	1
1986	98		5
1987	81	1	25
1988	73	4	32
1989	75	3	10
1990	95	2	4
1991	65	2	4
1992	81	4	2
1993	75	3	9
1994	87	2	5
1995	84	6	5
1996	102	4	8
1997	90	9	3
1998	79	5	3
1999	104	4	2
2000	97	6	3
2001	96	8	4
2002	79	5	2
2003	112	6	2
2004	81	4	
2005	105	10	6
2006	86	8	4
2007	84	6	2
2008	75	13	3
2009	106	5	1
2010	100	8	1
2011	103	8	3
2012	83	5	1
2013	103	7	3
2014	104	11	2
2015	112	9	2
2016	102	9	4
2017	102	15	3
2018	109	17	2
2019	119	17	
2020	93	7	1
2021	89	14	1
2022	97	6	1
2023	87	7	2

東京大学新聞、京都大学新聞、大学通信、「蛍雪時代」、「サンデー毎日」、「若葉会会報」などをもとに作成。東京大理三は1962年から入試実施。1969年は東京大入試が中止となり、京都大に多数受験。1987、88年は入試で東京大B日程と京都大A日程でダブル受験が可能だったので、京都大受験生が例年より大幅増となった。

東京大現役合格者数、合格率

年	期	現役合格者数［人］	現役合格率［%］
1953	**1**	0	0
1954＊	**2**	2	2.9
1955	**3**	0	0
1956＊	**4**	4	3.4
1957	**5**	——	——
1958	**6**	——	——
1959＊	**7**	8	5.2
1960＊	**8**	8	5.9
1961＊	**9**	13	10.2
1962	**10**	16	9.9
1963	**11**	32	25.6
1964	**12**	35	27.3
1965＊	**13**	53	32.1
1966	**14**	52	30.8
1967	**15**	46	26.1
1968＊	**16**	48	30.8
1969	**17**	入試中止	
1970	**18**	95	55.9
1971	**19**	78	47.3
1972	**20**	57	33.3
1973	**21**	93	55.7
1974	**22**	89	53.6
1975	**23**	96	59.6
1976＊	**24**	79	48.2
1977＊	**25**	62	39.5
1978＊	**26**	93	57.1
1979	**27**	76	46.9
1980	**28**	78	47.6
1981＊	**29**	74	47.4
1982＊	**30**	59	36.4
1983	**31**	60	37.3
1984	**32**	45	28
1985	**33**	37	22.6
1986	**34**	50	30.9
1987	**35**	42	25.6
1988	**36**	39	23.6

年	期	現役合格者数［人］	現役合格率［%］
1989	**37**	32	19.8
1990	**38**	63	38.9
1991	**39**	39	23.6
1992	**40**	52	31.9
1993	**41**	49	29.9
1994	**42**	58	35.8
1995	**43**	56	33.5
1996	**44**	72	44.2
1997	**45**	69	41.6
1998	**46**	57	35.2
1999	**47**	76	46.6
2000	**48**	69	42.6
2001	**49**	75	46.6
2002	**50**	60	36.1
2003	**51**	70	44.3
2004	**52**	57	35.4
2005	**53**	71	43.6
2006	**54**	66	41.3
2007	**55**	60	38.7
2008	**56**	56	34.8
2009	**57**	79	47.9
2010	**58**	76	47.8
2011	**59**	74	46.3
2012	**60**	67	41.1
2013	**61**	66	40.5
2014	**62**	82	50.6
2015	**63**	81	51.3
2016	**64**	82	50.3
2017	**65**	74	45.7
2018	**66**	80	49.4
2019	**67**	88	54.3
2020	**68**	72	44.7
2021	**69**	70	43.8
2022	**70**	66	40.7
2023	**71**	73	45.6

現役合格率＝卒業生のうち東京大現役合格者の比率（＊は現役進学者、現役進学率）。現役合格率がもっとも高かったのが1975年の59.6%で合格者96人、卒業生161人。——は不明。

「駒場会報」、「サンデー毎日」、大学通信の資料から作成

第6章

天才？　秀才？　日本一のオタク集団？

東京大医学部の学生、窪田壮児さん（18年卒・66期）は、2017年に国際数学オリンピック（数オリ）で銀メダルを獲得している。数学、算数歴は幼少までさかのぼり、小学校2年で数独に挑み、また、ジュニア算数オリンピック（小学5年生以下が対象）に出場している。

「幼稚園のとき、親から四則演算を教えてもらいました。小学生のときむずかしい問題を考えて解くことのおもしろさを体験し、方程式が解けるようになりました。とはいっても数学の知識を入れるのはそれほど速くない。教わった内容を応用するのが得意でした」

窪田さんは筑駒に入学したとき強く印象に残ったことがある。①まわりがめちゃくちゃ頭が良く公立の学校に比べると格段にレベルが高い、②校則がなく「ガムを嚙んではいけない」「上履きを履きなさい」の2つしか言われなかった——ことだった。

「なにをやっていいのか、ダメなのかは、すべて自分たちの判断にまかされており、自由について考えさせられました」

筑駒でペンシルパズル同好会に入って、パズルの奥深さに魅了された。中学生後半になると、数オリに挑戦する。筑駒はSSHとして数オリに力を入れており、受験料など参加費は学校が負担してくれる。

教員は生徒をリスペクトし生徒のやりたいことをさせてくれた

筑駒から数オリのメダリストが多く誕生している。数学科学研究会（数研）というサークルの存在が大きい。ここでは数学を大学院レベルの内容まで先取りしており、数研から数オリの代表選抜合宿への参加者は少なくない。窪田さんは先取りにこだわらなかったため数学科学研究会には所属せず、自学自習で取り組んでいた。

また、得意な数学を伸ばしやすい環境にある。

「学校ではその人の得意分野、特技について「変なやつだから近づかない」という風潮はまったくありません。「すごいね。教えてくれよ」と、生徒のあいだで自然に互いをリスペクトするのです。教員も生徒をリスペクトしており、基本的に生徒のやりたいことをさせてくれました」

数学の教員がある難問について、「この問題が解けていないんだ」と言ったら、同級生が「その問題は解けました」と話し、授業でやるテーマがなくなったこともあった。

窪田さんは、音楽祭でリーダーをつとめていたとき、教員に演奏の進め方で相談したことがあった。その教員は自宅から電子ピアノを持ってきて、一緒に解決してくれた。

「授業で教員は自分の趣味、研究範囲、考え方に依存しており、おもしろい話はありました。ただ、受験には向かないので、わたしは鉄緑会に通っていました」

窪田さんは東京大医学部へ進んだ。彼が筑駒を卒業してありがたいと思ったのは、卒業生の人脈だった。

「わたしとはまったく異なる分野で専門家がたくさんいます。自身の専門と友人らの専門を生かしあって相乗効果を起こしたいですね」

高校生が優れた才能を発揮できる場として、国際科学オリンピック出場、メダル獲得はある（数学、物理、生物学、地学、地理など）。本家であるスポーツのオリンピック大会を思い浮かべるといい。世界でいちばん科学ができる、つまり世界一の高校生として表彰されるのだから。実際、出場者は「選手」と呼ばれている。

他の学校だと特別扱い、この学校ではむしろ普通

筑駒は国際科学オリンピック出場者をもっとも多く輩出している。ライバルの開成や灘に比べて全校生徒数が少ない分、科学オリンピック出場率はもっとも高い。

数オリでは児玉大樹さん（93年卒・41期）、大島芳樹さん（04年卒・52期）が抜群の成績をおさめている。児玉さんは1991年に高校2年で銀、92年に高校3年で金メダルを獲得した。

児玉さんはのちにこう振り返っている。

「私は日常的に「数学を研究している」と意識することもないし、私の人生において「数学を勉強しよう」と意識したこともあまりなかったですね。私の子供の頃からの思考内容の大きな一部分が、世間一般で「数学」と呼ぶものの一部とうまいこと合致していた、というのが私にとっての数学です。（略）ほとんどの人にとって、二次方程式の解の公式や、$\int x^2dx = \frac{1}{3}x^3$〔原文ママ〕という積分の式は教科書に書いてあることで、学校などで他人（教師）から習うことだと思います。一方、私にとってはそれらの事柄は、小中学生の頃に自分で考えて発見したものであり、「教科書に自分の考えと同じことが書いてあるなぁ」というふうに認識していました」（「週刊現代」２０１３年4月30日号）。

自分で発見して、それが教科書に載っていたと認識する。天才であろう。

大島芳樹さんは数学オリンピックに中学2年から高校3年まで5回出場した。この記録は今日までだれにも破られていない。中学生の出場者は何人かいるが、中学2年だったのは大島さん、副島真さん（10年卒・58期）の2人だけだ。なお、副島さんは高校時代、数学オリンピック3年連続金メダルを獲得、在学中には情報オリンピックにも出場し2年連続金メダルを獲得している。

2005年、数オリ日本代表6人のうち5人が筑駒生で占められた。中学2年の副島真さん（銅）、高校2年の渡部正樹さん（金）と中村勇哉さん（銅）、高校3年の栗林司さん（金）と三谷明範さん（銀）。栗林さんは日本人で初めて満点を記録している。

末岡陽太朗さん（16年卒・64期）は生物オリンピック金メダルを獲得、哲学オリンピックにも出場した。

2016年、末岡さんは東京大理科三類、マサチューセッツ工科大（MIT）に合格。各種財団から奨学金を得てMITに進んだ。2020年からジョンズホプキンス大学医学部神経科学科博士課程に在籍している。

末岡さんは学問のスタート地点ともいえる動機づけを次のように話す。すこし長いが引用しよう。

「高校生のときから免疫学をやりたいと思い始めました。中学生のときに読んだ「好きになる免疫学」という本がすごくわかりやすくて、分子やタンパク質をかわいいキャラクターに置き換えて、ストーリー仕立てにしてあるんです。漫画のような感じで「敵がやってきたぞ！」みたいな。本当にこんなことが体の中で起きているのかと興味が湧いてきて専門書を読んでみたら、実際は漫画よりロボチック。タンパク質が連結してできた巨大なタンパク質が、誘導されて細菌に穴をあけてそこから中に入っていくとか。本当にこんなことが起こっているんだ！とむちゃくちゃ感動して、これをもっと自分のなかで深めたいと思うようになりました」（『天才たちのメッセージ　東大理Ⅲ』データハウス、２０１６年）。

中学生で免疫学に興味を持つことには驚かされるが、それをさらに深めようという好奇心を全面的に打ち出すメンタリティはすごい。このような天才を押さえ付けず、放任させる土壌が、筑駒の大きな特徴であり、それは、筑駒が考えるリーダー教育といえよう。

筑駒の学内誌「駒場会報」（１５１号、２００８年）には「メダリスト座談会」が掲載されている。２００７年の科学オリンピック出場者６人で（学年は２００７年当時）、角田翔太郎さん、廣井卓思さん（いずれも高校３年　第39回化学オリンピック銅賞）、森田悠介さん（高校３年　第38回物理オリンピック銀賞）、松元叡一さん（高校２年　第19回情報オリンピック銅賞）、津野田一馬さん（高校２年　第１回地理オリンピックアジア太平洋地区プレオリンピック台湾大会銀賞）、池田悠太さん、（高校１年、同上、銅賞）である。

彼らが科学オリンピックでメダリストになったのは、筑駒の校風、筑駒で育まれたこととどう関係しているのか。座談会で司会者が筑駒の空間は「みなさんにとってどうだったか」をたずねたとき、こんなやりとりが交わされた。

「**廣井**：何でもやっていいし、自分の好きなことができるので自分のいろんな面が見えると思います。

森田：たぶん他の学校だったら僕みたいな物理が好きなんていう人は浮いてしまうと思うんです。でもここではみんなお互い認めているから、浮いたりしない。そういう意味で自由だと思います。居心地がすごくいいですね。

松元：他の学校だとこういうオリンピックに出ると特別扱いみたいなのがあると思うんですけど、この学校ではむしろそっちが普通みたいな。

池田：いろんな面でいろんな刺激をもらえます。毎日がすごいじゃないですか。

津野田：周りの人がみんな何らかの一芸に秀でているというか、どこかすごいところを持った人ばかりなので自分がオリンピックに出たことも普通に認めるという空気です。もちろん周りの人から自分がそんなに得意でない分野でも刺激を受けることができるし。

角田：非常にのびのびとしていて、自分のしたいことができ、才能を伸ばすにはすごくいい自由な空間だと思います」

天賦の才を開花させたのは筑駒の校風と読み取れる。

才能教育（gifted education）という考え方がある。たとえば、数学で秀でた才能を持つ幼稚園児や小学生を同年代とは切り離し、大学や大学院で成人と一緒に難問に取り組ませる。欧米では天才児への「飛び級」として行われており、スタンフォード大やオックスフォード大で7、8歳の児童が大学院生と交ざって授業を受ける風景をときおり見かける。英才教育だ。

日本では小中学生の飛び級、飛び入学が認められていない（高校から大学への飛び入学は認められており、筑駒2年修了ののち千葉大工学部に入学したケースはある）。東京大で学ぶ小学生を見ることはできない。

もちろん、筑駒では英才教育を行っていない。だが、この座談会を読む限り、筑駒は秀でた才能を管理しヘタにいじるようなことはしていない。難問を押し付ける、ではなく、興味がある問題を好きなときに自由に解いてもらい、わからないことがあったらアドバイスする、一緒に考えるにとどめている。放課後、数学、物理が得意な生徒を集めて、高度な内容を一方通行で講義する、というスタイルをとらず、好きなことを存分にさせる環境であることが、科学オリンピックのメダリスト誕生につながったのではないだろうか。

折り紙作家で東京大大学院生、益子遼祐さん（19年卒・67期）は身近に科学オリンピックのメダリストが何人かいた。

「彼らはどうしてこんな頭いいのかと思って、一緒に勉強しましたが、同じ参考書を勉強したはずなのにいざ問題を解くと点が倍違う、これはかなわない、と思いました」

メダリストと友だちというより、友だちがメダリストになった、という感じだった。

「すごくいい意味で放任主義だった。個性を潰さず、素材の良さを生かして調理するような学校です。生徒が授業を聞く気がないときはほっといてくれる。一方で、どんな疑問でもちゃんと答えてくれる。自分らしさを失わないで成長したいと望むのであれば、最適な学校です」

努力すればだれでも理三に入れるというわけではない

筑駒の生徒には共通項がある。それはとてもわかりやすい。小学校で全校トップ、中学受験塾で上位クラスの成績優秀だったことだ。生徒会長、クラス委員経験者も少なくない。そして入試など試験にはめっぽう強い。

筑駒ＯＢから回顧談を聞くと、知識量や指導力に自信はあったが、「まわりがすごすぎる。理屈抜きで、とにかく絶対に勝てない」と鼻をへし折られてしまったという者は少なくない。10を聞いて１００を知るような異常に頭のいい生徒がいる。筑駒にも10を聞いて8までしか理解するのがやっとという生徒もおり、彼らからすれば、同じ授業を受けてなぜ理解できるのかわからず、１００の人にはまったく歯が立たなかったという。

筑駒の校風を形づくっているのは、一瞬のひらめきで難問を解いてしまう天才、練習を苦にせず繰り返し速く確実に答えを導き出す秀才たちが、学校のなかで「放牧」されていることだろう。天才と秀才を兼ね備えたスーパーマンは、その世代で突出した成績を示す。

2016年、東京大理科三類に入学した針間貴己さん（16年卒・64期）も頭の良さがきわだっており、鉄緑会での成績、駿台の「東大実戦模試」の順位は1ケタだった。

針間さんをたずねた。天才、秀才といっていい。自身について話をきいた。

「きっと地頭がいいんでしょうね。小学校低学年のころから、クラスのなかでぶっちぎりで成績が良かったので、頭がよいのかなと思っていました」

自分の頭のよさを素直に認めるのは勇気がいることだ、たいていは照れたり、謙遜したりする。嫌われるのではとホンネはしまっておきたいものだが、彼は違った。自分を冷静に分析して、こう続けた。

「教科書をぱらぱらとめくっただけでだいたい覚えました。試験のとき、思い出さなければならないことが一字一句よみがえってくるのです。また、人の話を覚えるのが得意でした。先生が授業で話した内容が、必要なときに聞こえてくるような感じです。音声記憶がいいと思います。受験勉強は自分の能力、実力を見きわめ、それに合わせて質や量をこなせばいい。高校2年で受験科目の範囲を全部済んでしまったならば、あとの1年はメンテナンスをすればいい。高校3年になってもまだ十分に身につけてなかったならば、足りないところを付け加えるためにめちゃ努力すればいいと思います」

努力すれば、だれもが針間さんのように優秀な成績をおさめることができるのか。彼自身、それは違う、という見方だった。

「努力してもどうにかなるというわけではない領域があります。スポーツがそうです。どんなに努力したところで、サッカーの本田圭佑さん、野球のイチローさんのようにはなれません。彼らと同じ筋トレをしたところで、たいていは2人のような優れたアスリートにはなれません。勉強も同じです。努力すればだれでも理三に入れるというわけではないでしょう。小学校でテストを行えば実力差がつく。これは徒競走で差がついてしまうのと一緒だと思います。ただ、スポーツと違って、勉強はすそ野が広い。努力した分、それを社会で生かすことができ評価されます。年収数千万も夢ではなく、安定した人生が送れるということです」

針間さんの頭のよさについて、それが遺伝的なものであるというふうにも捉えている。こうも話してくれた。

「わたしの父、叔父も理三です。わたし自身の頭がよいところは親から受け継がれたものでしょう。せっかく遺伝で頭のよさが備わったのだから、それを社会にどう生かしていくかを考えています」

よその学校ならばいじめられたかもしれない、筑駒ではリスペクトを受ける

針間さんのように天才肌、秀才誉れ高い生徒の存在によって、まわりは「自分は凡才ではないか」と思い知らされることがある。自分ではとてもかなわない能力、自分がまったく知らない世界での学識ぶりに驚き、自分もそうありたいが無理だ、ならば、自分の能力を生かせる道を探ろう、そう考える筑駒生がいる。頭の良さだけでは、上には上がいると実感し、テングになったり、勘違いしたりする余裕はない。勉強ができるだけではダメなので、プラスアルファを求める生徒も出てくる。

ヤフーの高橋正興さん（94年卒・42期）は小学校時代、成績優秀だった。だが、筑駒中には勉強ができる者はゴロゴロいる。中学1年1学期の理科の試験で、真っ白な元素周期表が渡され「すべて埋めなさい」という問題が出た。高橋さんはとくに準備していなかったためクラスで最低点をとってしまう。同級生はみんな岩波ジュニア新書の元素の本を読み、化学記号を覚えていて、満点をとっていた。このときのインパクトが大きかった。他の科目でも圧倒的にできる者がたくさんいる。

高橋さんはこのとき悟った。勉強でトップをとるというそれまでの当たり前はもうなくなったのだと。

「ここは勉強ができて当たり前のところだと気づき、他の価値を持たないといけないと焦

りました。勉強以外に自分にできることを見つけようと模索し、学年通信でユーモアのある短編を書いたり、当時好きだったナレーターのモノマネをしたり、やたらとダジャレを飛ばしまくったり。それまでの真面目な生き方を変えていったら、自分も楽しくなってきました。振り返ると、いまの自分はこのときに作られたと思います」

そして高橋さんは人の可能性にこだわるようになった。東京大に進む同級生は多いが、音楽の道を志し東京芸術大に進む同級生や、習いたい先生がいると東大以外の大学に意志を持って進む同級生もいる。さまざまな生き方に刺激を受けた。

「同じ教室で机を並べていた友達が、医者にも弁護士にも教授にも音楽家にも、何にでもなっている。その経験から人にはさまざまな可能性があることを知りました。だから、自分は人生を一つの道だけに絞らず、ナレーター、吹替、コント、児童文学、管理職などやりたいことには何でも挑戦してきました」

国際大准教授の山口真一さん（05年卒・53期）はこう話す。

「友人はレベルが高く、調子にのる瞬間がなかった。まわりがすごいので、井の中のかわずになりようがない。こうしたなかでさまざまな人とネットワークを作ることができ、財産になっています」

頭が抜群に良い。しかし、頭が良いもの同士の会話は、まわりの理解を超えることがある。国家公務員の田原大嗣さん（16年卒・64期）が話す。

「頭の回転が速すぎるのか、話すのがやたら速いヤツ、途中を端折りすぎるヤツはいっぱいいました。端から見ると、何を言っているのかがさっぱりわからないけど、当事者同士なら伝わってわかり合ってしまう。すごいです」

広告代理店に勤務する蓮池遼太郎さん（17年卒・65期）は高校入学時の思い出をこう話してくれた。

「同級生を見ると、勉強では明らかに敵わない人たちがたくさんいました。でも、彼らはそれを鼻にかけたりはしない。自身の興味関心を突き詰めた結果なだけだと言って、数学の問題を僕に解説してくれたり。だから、自分はすごいなと感心するばかりで、引け目を感じることもなく3年間過ごすことができました」

合同会社未来共創機構CEOの泉克明さん（05年卒・53期）はこう話す。

「小学生のころ神童と言われても、筑駒基準では凡人であり、逆立ちしてもかなわないホンモノの天才がいた。数学や物理などで突出した人もいれば、鉄道やアニメオタクのような形で一芸に秀でた人も多い。よその学校ならばいじめられたかもしれないけど、筑駒では一定のリスペクトを受けていました」

好き勝手に自分の趣味を貫くことが、かっこいいとするカルチャー

筑駒は「自身の興味関心を突き詰め」る場を提供し、「個性を潰さず、素材の良さを生かして調理する」環境が整っており、「どこかしらで1番をとりたい」というモチベーションを高めてくれる。その結果、「鉄道やアニメオタクのような形で一芸に秀でた人」がたくさん現れる。

「オタク」という言葉は、1980年代後半から日常的に使われるようになった。アニメの熱烈な愛好者、アイドルの熱狂的ファン、骨董品のマニア、鉄道の趣味者などをさしている。

筑駒にはオタクが多い、と言われるようになったのは1990年ごろからだろうか。

大阪大教授で経済学者の安田洋祐さん（98年卒・46期）は、中学に入ってびっくりした。同級生が授業中にゲームに熱中したり、漫画を読んだりしている。かといって学級崩壊はない。安田さんはこう振り返る。

「オタクが多かった。約半数はそうだったでしょうか。教員は自分の研究ばかり話す。生徒も勉強以外の趣味で自分を見出し、そこで存在感を磨いていく。型にはまるのではなく、好き勝手に自分の趣味を貫くことが、かっこいいとするカルチャーが筑駒にはありました」

男優の森林原人さん（98年卒・46期）は中学に入ってまもなく、時刻表を読みぶつぶつ言いながら弁当を食べる同級生を見てびっくりする。「おまえ、何してんの？」と聞くとこんな答えがかえってきた。

「北海道から鹿児島まで各駅停車で乗り継ぐ最速のルートを調べているんだ」

一瞬、引いてしまったが、これはすごいと思った。のちに「今度、青春18きっぷで大阪に行くんだけどさ、電車の乗り継ぎ教えてよ」と聞いてみると、期待を裏切らなかった。さまざまなルートがすぐに出てくる。

「時刻表アプリですよ。こんなやつが筑駒にはいっぱいいました。武将アプリ、囲碁アプリ、数学アプリ、アイドルアプリにアニメアプリ。ようするにオタクだらけなわけです。しかもトップレベル。オタクじゃないほうがマイノリティだった。何かに特化しているものがないと、何もない人になるのです。それは避けたい。だから僕はエロアプリ。童貞でもセックスの知識だけは男優並でした」

アプリになれるのは頭が抜群に良いからで、それは間違いない。まわりはみな理屈っぽかった、と森林さんは振り返る。

「腕力がなくても弁が立つ。運動ができないとか体が小さいやつでもいじめられなかった。頭がいいから言い返せちゃうんです」

与那覇潤さん（98年卒・46期）は筑駒生の気質についてこんな見方をする。群れない、という点ではほかのOBと同じだった。中高に在学中の1990年代半ば、スラムダンク、Jリーグ、エヴァンゲリオンとブームが続いた。

「全体で一致結束はしません。バスケ部やサッカー部に属するスポーツ系と、オタク系では会話の話題がまるで違って、ただエヴァの時は前者の子たちまで口にしてたから「ほんとに社会現象なんだな」と思った。ふだんはそれくらい嚙みあわない面々なのに、クラスごとに参加する文化祭では行動を共にして、なんとなくの一体感はある。それが良いところで、筑駒には内ゲバ体質的なものがないですから」

与那覇さんは、オタク系とスポーツ系のあいだで「あいつも交じっているなら、まぁそこそこ会話になるだろう」と触媒になるような立ち位置だった。それは大事なことと思い、その役割をまっとうできたことがうれしかった。

「筑駒生はどんな変なやつでも、どこかで学内の居場所はみつかる。居場所があるのは多様性の証しでしょう」

私見によれば、オタクに対する見方は時代の流れで変化している。評論家の中森明夫さんが名付けたとされ、1988年から89年にかけて起きた連続幼女誘拐殺人事件でいっきに広がった。加害者を指す言葉として、蔑まれるなどネガティブに捉えられていたが、次第に、ある特定分野に滅法詳しいことに畏敬の念が払われるようになった。趣味者として好意的に理解されることもある。特定の専門分野ではだれよりも詳しいという誇りを持って、「オタク」と自称する人もいる。

筑駒ＯＢによれば、オタクゆえいじめられることはない、という。逆に「このテーマならばあいつがいちばん詳しい」と敬意を表される。筑駒において、全国の駅名やオリコンチャート何十年分のベスト１００を諳んじられることは、数学の難問をいとも簡単に解いてしまい数オリのメダルを取ることと同じと受け止められているのではないか。

科学オリンピック、「時刻表アプリ」に通底するのは、前出の安田洋祐さんが説き明かした「好き勝手に自分の趣味を貫くことが、かっこいいとするカルチャー」である。これが筑駒生の気質をもっとも端的に示し、筑駒の校風を醸成してきたといっていい。筑駒を理解する最大のポイントである。

第7章

校風を教えてくれるOBたち

華麗で異色な教駒・筑駒人脈

教駒・筑駒のOBは壮観である。

政、官、学界の各分野で活躍するOBに中高時代のエピソードを語ってもらった。筑駒の校風を垣間見ることができる。

前・日銀総裁は法哲学に魅了された

前・日本銀行総裁の黒田東彦さん（63年卒・11期）は、幼少のころ、世田谷区池尻町の国家公務員宿舎に住んでいた。ここは教駒とは目と鼻の先にあり、朝のチャイムが鳴ってから家を出ても授業に間に合うような近さである。海上保安庁に勤務していた父から「すぐ近くに良い学校がある」というすすめがあって、1957年、教駒中学に入学した。

当時、東京大など難関大学合格実績で知れ渡った存在ではなかったが、同級生には粒ぞろいの天才、秀才があつまっていた。なかでも黒田さんの印象に強く残っているのが、アインシュタインの相対性原理を語ってくれた同級生だった。

「これがまったく理解できなかったので、学校の図書室にあった数学、自然科学の本をほぼすべて読み尽くしました。これが嵩じて天文学にすっかり夢中になり、将来、この分野の学者になろうと考えました。しかし、物理で力学は理解でき熱中したのですが、電磁気で躓いてしまいます。大学受験で進路を文系に変えました」

教駒の授業はおもしろく、惹かれる内容が多かった。

「英語は毎回、シャーロック・ホームズの物語を日本語で話す。数学はアメリカで流行していた「New Math」（ニューマス、新数学）を使って代数をベクトルや行列式で解く。日本史は1年間、明治維新の舞台裏ばかりする。世界史はルネッサンスまでしか進まない、といった調子です。もちろん、体系的なことを教える先生もいましたが、学習指導要領にとらわれず、好き勝手なことを教える先生がおり、それが教駒の良いところでもありました」

1960年、黒田さんが中学3年から高校1年になるころ、安保闘争が起こり、デモに参加する生徒が出てきた。そんな生徒に対して教員は「けがをしないように」と言うだけだった。クラスで安保条約をめぐってよく議論した。「ソ連や中国が攻めてくるのを防ぐため、安保を改定して自衛隊の強化が必要」「アメリカとの軍事行動が増えて日本が戦争に巻き込まれてしまう」などの意見がでた。

「わたしは、将来、なにが起こるかわからないので、安保条約は保険の意味で必要であり、そのほうが戦争抑止になるのではないか、と考えていました」

安保闘争のさなか、黒田さんはイギリスの哲学者、カール・ポパーと出会う。『歴史主義の貧困』に衝撃を受け、未翻訳の『開かれた社会とその敵』は辞書を引きながら読んだ。黒田さんが16歳のころである。

「マルクス主義に違和感を抱き始めたころです。ポパーはマルクスが唱える集団主義、プラトンやヘーゲルの哲学を批判しており、それに感動しました。この分野をもっと深めようと、東大に入ってから碧海純一先生に法哲学を学ぶことになります」

1967年、東京大を卒業後、大蔵省に入った。決め手は採用担当者の「大蔵省はいま困難な状態にある。ぜひ、若い諸君の力を借りたい」という言葉だった。入省後、さまざまな部署で職責を果たし、財務省財務官、アジア開発銀行総裁を経て2013年、日本銀行総裁に就任した。23年に退任して、現在は政策研究大学院大特任教授、政策研究院シニア・フェローをつとめる。

教駒での体験は、10年にわたって日本の金融政策の舵取りを行い、リーダーシップを発揮する上で、どのような影響をあたえただろうか。

「役所は企業のように競争に勝たなければならない、ということはない。しかし、古くは石油ショック、最近ではリーマンショックなど、何が起こるかわからない時代にあってはイノベーションが求められます。日銀総裁時代、デフレから脱却して経済を活性化しなければならない、と考えました。従来ならこういうことはしない、といったルールに囚われることなく、常に前向きな姿勢で大胆な政策を打ち出すことができた。その勇気を与えてくれた根底には教駒での6年がありました。リベラルな校風にあって、何も規制がないなか、自由に考え、脅えずに行動した経験があったからこそ、日銀総裁をつとめることができたと思います」

2023年、日銀総裁は東京大名誉教授の植田和男さん（70年卒・18期）に引き継がれた。黒田さんは、教駒後輩の植田さんと30年以上前からつき合いがあり、「理論家として優れているだけでなく、実務家能力がある」と評価している。

筑駒の将来について、こう話している。

「数学、物理など科学オリンピックで優れた成績をおさめているのはうれしい。平均的な秀才をいっぱい作ってもしょうがない。大学入試のためでなく、大発見できる人材を育てる。そのために自由でリベラルな校風を続け、生徒が存分に勉強できる環境をつくってほしいですね」

植田さんの同期には、学生運動の高校生リーダーとして赤軍派に関わった大谷行雄さんがいる。日銀という資本主義の総本山のトップと、かつて共産主義社会実現を目ざし暴力革命に身を投じた活動家が、教駒で席を並べていた、というのは興味深い。大谷さんの植田さん評である。

「在校時は小生のような悪童とは違い、まじめで温厚でおとなしい生徒というイメージしかありませんが、いつだったか、こんな小生にも親しく声をかけてくれたのを覚えています」

日銀総裁は心優しい。

黒田さんと同期の細田博之さん（63年卒・11期）はすでに登場したが、政治家への道につながるような経験についても少し触れておこう。

生徒会長選挙のとき、これまでは3年生が選ばれるのが慣例だった。しかし、それは破られてしまい、2年生が立候補し会長になった。

「2年生が自分たちの代を会長にしようと考え、1年生を個別に呼んで熱心に口説いて票を集め、3年生を負かしてしまったのです。こんなことがあるのかと、驚きました。3年生の立候補者は落胆します。選挙はこわいなと思いました。それが今日、政治家として選挙運動、政党、派閥などを考える原点となりました」

1986年卒の同期から、7人の大蔵官僚が誕生

1960年代〜90年代、筑駒出身の官僚が多く誕生した。

もっとも華やかだった時代が、90年代前半の大蔵省であろう。筑駒1986年卒の同期（34期）から、7人の同省官僚が誕生している。1990年入省に3人、91年入省に4人である。この7人とは田村謙治さん、冨安泰一郎さん、花尻卓さん、中村英正さん、日置重人さん、長岡隆さん、彦谷直克さんである。全員が東京大法学部出身者だ。国家公務員試験受験で1年浪人、東京大で1年留年と、入省年次は2年にわたるが、大蔵省で7人の筑駒同級生は一堂に会した。

財務省、経産省など人気がある中央省庁幹部、いわゆるキャリア官僚になるためには国家公務員総合職採用試験（当時、国家公務員I種採用試験）を上位の成績で合格しなければならない。大蔵省は当時、東京大法学部の中でも最優秀でないと入れないと言われており、毎年20名前後の採用者において、同期から7名も入省したのは前代未聞だった。なお、彼ら34期（86年卒）ではほかに省庁入省として、外務省、通産省（現・経産省）、自治省（現・総務省）、郵政省（現・総務省）、警察庁、各1人ずついる。

田村謙治さんはのちに財務省を退官し、民主党衆議院議員に転身した。現在はベンチャー企業数社の顧問、シンクタンク・財団法人の役員をつとめている。

田村さんは、同期の大蔵省大量入省についてこう説明する。

「これまで1つの省庁で同じ高校同期出身がいてもせいぜい3人、4人です。5人は聞いたことがない。7人ともなれば空前絶後の話です。筑駒集中の理由はいくつか考えられますが、当時の大蔵省で採用を担当した企画官は筑駒が大好きだった、わたしたち同期で優秀な人物は理系に進まず東京大法学部を目指していた、などでしょうか」

7人は筑駒時代に国家のために論じ合ったか。田村さんはそんな記憶はほとんどなかったと振り返る。

「私は、小学生のとき、政治に興味を持ち、官僚が政治を牛耳っていると聞いて以来ずっと官僚志望で、東大法学部を目指しました。他の6名は、高校時代には官僚志望ではなく、東大入学後に進路を考えた人の方が多いと思います」

田村さんは幼少のころから受験に力を入れた。筑駒中2年で平岡塾、SEGに入って受験の準備をした。

「高1の後半から死ぬほど勉強し、東大模試で1位をとりたいと思い続けていました。最高位は16位で、だいたい50位前後でした。いま、考えれば本当の天才、神童にはかなわなかったですね」

同級生と東大模試で成績優秀者リストに偽名を載せるおふざけをしたことがある。「駒場権兵衛」はダメだったが、「国生さゆり」はOKだった。模試の採点者はおニャン子クラブを知らないのか、と田村さんは笑っていた。成績を競った同級生には政治学者で東京大教授の牧原出さん、著名な弁護士の太田洋さんがいる。

田村さんは筑駒で受けた教育についてほとんど記憶にない。

「筑駒の授業は聞く価値はまったくない、学校の成績は関係ねえよ、東大模試で勝負だとばかりに、授業中は内職しているか、雑談しているか、寝ているかでした。文化祭では一番手抜きができる食品班にいました。いまでは、もっと行事に力を入れておけばよかったと後悔しています」

田村さんによれば、入省時、大蔵省官僚の出身高校は、麻布が最も多かったのだが、筑駒が抜き、その後、開成に抜かれたという。筑駒には官僚の子息も少なくなかった。

「最優秀者は東大医学部に行くという、日本の大学受験の医学部偏重は悪しき風潮。ノーベル賞級の研究者や起業ならいいけど、単なる医者になるのは才能の無駄遣い。筑駒は今でもその風潮に毒されていない人が多いのは救い。日本の教育改革において、飛び級のような突き抜けた英才教育は推進すべきだが、それを、筑駒という国立の学校が担うのは、やはり税金の使い道という国政的観点からむずかしい」

コロナ感染対策で発信力は筑駒生徒会長が源泉

２０２０年、新型コロナウイルスの感染拡大が大きな問題になったとき、筑駒ＯＢのなかでもっともメディアへの露出度が高かったのは、結核予防会理事長の尾身茂さん（69年卒・17期）だろう。「新型コロナウイルス感染症対策本部新型コロナウイルス感染症対策専門家会議副座長」「新型コロナウイルス感染症対策分科会長」として、コロナ感染対策の政策立案ではキーパースンとなっており、さまざまな提言を行ってきた。ときに率直な物言いをすることがある。尾身さんに話を聞いた。

「政府とさまざまなやりとりをして、専門家の立場をうやむやにしないできちんと話していきます。わたしは若い頃から好んで果たした役割は全体をまとめるコーディネーターと思っていました。その源泉は教駒時代の生徒会長経験にあります」

尾身さんは高校時代、生徒会長をつとめていた。

「それほど深く考えて生徒会長になったわけではありません。皆といろいろ話しながら何かを決めていくということが好きだったんでしょうね。教駒は個性の集まりです。いろいろな考えがあることを学びました。多様な意見があることが前提です。新型コロナウイルス感染症対策分科会でふつう、学者ならば言わないことも話をしました。政府のいやがることも議論しています。わたしの発言が「政府を困らせている」とメディアで受け止められることもありますが、言うべきことは言うと思っていたので後悔はしていません」

全体をまとめて指導的な役割を果たす。尾身さんはもう一つ、教駒で身につけたことがある。

「社会に役立つにはどうしたらいいかを考えることです。教駒には全国から優秀な生徒が集まってくる。しかも国立学校です。在学中、多くの友人は社会的なことへの関心が高く、将来、金儲けより、社会とパブリックに関わって世の中を良くするために好きなことをやりたいと思っていました。これもいまの感染症専門家、分科会長としての言動につながっています」

尾身さんは自治医科大を卒業し医学研究者の道を進んだ。厚生省（当時）医系技官を経て世界保健機関（WHO）西太平洋地域事務局に入り、感染症、地域医療、公衆衛生の第一人者となる。1999年、WHO西太平洋地域事務局長に就任する。そのときは天命だと思った。

教駒時代については次のように振り返る。

「数学の難問を解けず、頭を抱えているとき、いとも簡単に答えを出す同級生がいる。自分は理数系はやめたほうがいい、と思い知らされました。自分が何に向いているかを気付かせてくれる、自分を見つめることができる学校でした」

尾身さんは若い世代に期待することがある。

「ITやAIを使って社会をどうするかを考えてほしい。テクノロジーは発展したけど、社会システム、人間が追いついていない感じです。ITに使われている感じです。社会のあり方、人間のあり方についてもっと議論してほしい。人間とはどのようなものか、というパースペクティブがなければ、単なるIT（AI）技術者に終わってしまいます」

元・警視総監の斉藤実さん（80年卒・28期）は部下から絶対的に信頼されていた。1995年、オウム真理教総本部へ家宅捜索に入ったとき、警視庁第7機動隊の隊長として先頭に立って指揮していた。2000年の九州・沖縄サミット、02年のサッカーワールドカップの警備を担当し、11年、東日本大震災の際、警察庁警備課長として福島第一原発の事故への対応にあたった。その後、警視庁警備部長、神奈川県警察本部長、警視庁副総監などを歴任し、20年1月17日、警視総監に就任する。

なお、内閣官房副長官、内閣人事局長の栗生俊一さん（77年卒・25期）は警察庁出身である。警察庁刑事局組織犯罪対策部企画分析課長、警察庁刑事局長、警察庁長官官房長などを経て、2018年に警察庁長官となった。20年1月17日に退官しているので、1日だけ栗生警察庁長官、斉藤警視総監の筑駒コンビが生まれた。

官僚トップに登りつめながら、処分を受けた筑駒OBもいる。

森口泰孝さん（70年卒・18期）は科学技術庁に入庁後、省庁改編で文部科学省審議官となり、同省事務次官となった。2017年、文科省で組織的な「天下り」あっせん問題が発覚し、訓告相当か文書厳重注意相当の処分を受けた。

国土交通事務次官だった竹歳誠さん（68年卒・16期）は、2011年、民主党・野田佳彦政権時代に訓告処分を受けている。松原仁国土交通副大臣が正式な任命を受けないで、拉致問題担当副大臣として国会で答弁していた問題に関わったというのが、処分理由だ。

官僚トップになった教駒・筑駒OBとして、ほかに内閣府事務次官の松元崇さん（71年卒・19期）、復興庁事務次官の関博之さん（77年卒・25期）、環境事務次官の鎌形浩史さん（78年卒・26期）、消防庁長官の林﨑理さん（79年卒・27期）、林野庁長官の牧元幸司さん（81年卒・29期）などがいる。いずれも東京大出身である。

外務大臣の意向に従わなかった元・フランス大使

外務省にも多くの人材を送り出した。

在フランス大使、在インドネシア大使などをつとめた飯村豊さん（65年卒・13期）は東京大を経て外務省に入った。大臣官房長時代の2001年、田中眞紀子外務大臣の意向に従わなかったことで、大臣室への立ち入りを禁止されることがあった。田中大臣は飯村さんに謝罪を条件に「出禁処分」を解くと伝えるが、飯村さんはあまりの理不尽ぶりに「ご機嫌取り」はできず突っぱねてしまう。

その20年後である。外務省を退官し大学で教えていた飯村さんにとって、どうにも納得できないことがあった。2021年、コロナ感染者が激増する中で「東京五輪2020」の開催が強行されようとしていることであった。とくに何百という看護師をボランティアで募集するというニュースは飯村さんにとって衝撃的であった。代々木公園でのパブリックビューイングを行う計画もあった。

「これはおかしい。オリンピック開催のため国民の生命や健康を犠牲にしようとしている。なぜみんな怒らないのかと思いました。こんな不正義はあっていいはずがない。わたしはネットで五輪開催反対の署名活動を始めました」

飯村さんは署名活動の呼びかけ人となり、上野千鶴子さん、春名幹男さん、落合恵子さん、三枝成彰さん、田中優子さん、内田樹さんなども加わった。「赤旗」のインタビューに応じたこともあって、外務省時代の飯村さんを知る人からは、「飯村は左翼になった」「反日になった」と言われたようだ。

飯村さんはこう振り返る。

「わたしのなかで、教駒への特別枠受け入れ、外務大臣室の出入り禁止、東京五輪開催の3つは、不正義でとても理不尽ということでつながっています」

教駒での6年間が外交官という仕事に生かされたという。

「自由な校風ゆえ、心を開いて友人や先生に向き合わなければならない。海外では異文化体験が基本になります。外交官として心を開かなければ異文化では仕事になりません。好きな勉強に自由に取り組む。これは異文化に対する開かれた心を持つことにつながります。この校風は続けてほしい」

1990年代まで教駒・筑駒出身の外交官を多く見かけたと、飯村さんはいう。しかし、2000年以降、減少しているのではないか、と心配する。

「若くて優秀な人は外務省に限らず役人にならなくなりました。日本の国を支える基幹的組織が若い人にとっての魅力を失いつつあるようです。外資系の銀行、コンサルタントへ進んでいます。流行りなのでしょう。私も高齢化で新しい時代の流れを理解していないのかもしれませんが、あまりあちこちで「スタートアップ」の合唱を聞くと、アメリカに惑わされている気がします。もっと批判的な目をもってほしいですね」

自衛隊統合幕僚長のリーダー観

2023年、自衛官のトップ、統合幕僚長に吉田圭秀さん（81年卒・29期）が就任した。吉田さんは1978年、筑駒高校に入学している。筑駒の校風について予備知識はまったくなかったので、入学したとき大きな衝撃を受けた。

「入学式で校長先生が挨拶しているとき、生徒が拍手をして終わらせてしまったことに度肝を抜かれました。出身の公立中学はとても管理的で校則が厳しかったので、筑駒のこうした自由な雰囲気に解放感を覚えたものでした」

衝撃はさらに続く。同級生、教員のすごさに驚かされた。吉田さんは最初の試験のとき、成績順位は学年160人のなかでほぼ真ん中だった。

「筑駒中から来た生徒のなかには、中学で微分、積分を終わらせている者がいる。さまざまな分野で早熟な連中がいました。こんな同級生と勉強で勝負しても仕方がないので、野球部に入ったり、文化祭など行事に力を入れたり、高校生活をエンジョイすることに方針転換しました。教員もすごかった。教員は好きなことを教えていましたが、ここは大学かと思うほどレベルが高い。なかでも現代国語、物理の先生からは学問の深さを教えていただき、大きな影響を受けました」

1982年、吉田さんは1年浪人して東京大理科一類に入学する。ところが、大学での勉強に違和感を覚えた。物理がおもしろくない。そこで文系に近い都市工学科に進んだ。進路を考える際、1学年上の筑駒同級生が国のためになろうと志す姿を見て公務員を考え始めた。また、大平正芳首相（当時）の総合安全保障に関するレポートを読み、啓発されたのもこの頃だった。

「将来、安全保障は国にとって大事なテーマになる。また、公務員の仕事も惹かれるが、自分は現場があるところがよい、机の上での仕事より、現業の方が向いている。そう考えたとき、陸上自衛隊が目に入り、「これだ」と思いました」

吉田さんは1986年に陸上自衛隊に入るにあたって、また、それぞれの地位、階級で職責を果たしてきた際、筑駒での経験が大きかったと振り返る。

「世間体や給料などではなく、自分に合ったところを主体的、自律的に決める。受け身で外の価値観に流される生き方をしない。どんな地位に就こうが、そのなかで自分の頭で考えベストを尽くす。自衛隊で階級が上がることを目的に働くのではなく、従来どおりのやり方ではまずいものがあると気付いたならば、どうしたらよいかを主体的に考え、改革を実践する。これらは筑駒において肌で感じ、学んだことであり、学校に感謝しています。筑駒を出なかったら、今の仕事を選んでいなかったでしょう」

筑駒は教育目標に「グローバルトップリーダーの育成」を掲げている。自衛隊トップとして、リーダーのあり方についてこう話してくれた。

「筑駒で育まれる自主自律、主体性はリーダーにとって不可欠です。腹を割って話せる友人を作りコミュニケーション力を高めることも大事です、筑駒は、外からみるとエリートの温室みたいなところがあります。自分たちの立っている位置は特別であることを知り、社会全般に目が届くような発想を持ってほしい。いま、筑駒ではその囲われた温室のなかでの秀才が多くなった気もします。もっと尖った個性があってよいですね」

吉田さんは、リーダーシップとマネジメントは違うと考えている。①マネジメントは人事や予算などをやりくりして、現状維持できるように組織をまわすこと、②リーダーシップはヴィジョンを明確に示し、人心を統合することで現状変革できるように、組織を引っ張っていくこと――。

「いま、社会で求められているのは、リーダーシップです。学校秀才は良いマネージャーにはなるけど、イコール優れたリーダーではありません。筑駒は学校秀才型の管理者ではなく、自分で時代を切り開くという大志をもった人間を育ててほしい。そのために、物事を主体的に考える習慣を身につけられる筑駒の校風は、次の世代に伝え続けてほしいです」

最高裁判所判事に3人のOB

法曹界でも多くのOBが活躍している。1980年に法曹関係者の懇親会、若葉法曹クラブが設立。2012年に筑駒法曹の会と改称された。

2022年、最高裁判所判事に3人のOBが並んだ。長嶺安政さん（73年卒・21期）、山口厚さん（72年卒・20期）、林道晴さん（76年卒・24期）だ（山口さんは23年11月に退任）。

　長嶺さんは外務省出身である。韓国大使だった時、日韓関係は冷え切っていた。日本政府は韓国に、釜山の日本総領事館前などに設置された従軍慰安婦を象徴する少女像の撤去を求めるが、韓国はなかなか応じない。そこで、日本政府は対抗措置として韓国大使の長嶺さんをいったん帰国させている。

　山口厚さんは東京大教授をつとめていた。山口さんは東京大法学部3年のときに司法試験に合格する。まだ、20歳のころで、この年の最年少合格者として注目された。山口さんは「最年少合格者の体験記」を雑誌に寄稿している。

「試験後も、全く自信無し。一、二点足りずに不合格と信じていたところ、合格。とにかくあわてた。なにせ、刑訴に商法がほとんど白紙。約一月、その二科目を「やり狂った」という次第である。私という人間は、試験を前にするとファイトが出てくるようで、読む片端から頭に入るという感じで読めた（講義を少しサボるのは残念だったが）」（「受験新報」1974年11月号）

　東京大は山口さんの秀才ぶりを放ってはおかなかった。法曹界に持って行かれないように、山口さんを法学部卒業後、東京大法学部助手に採用した。山口さんもそれに応えて研鑽を積み26歳で助教授、29歳で東京大法学部教授となった。その後、早稲田大教授などを経て、2017年に最高裁判所判事に就任する。

林道晴さんは、1982年に判事補任官後、東京地裁、札幌地家裁などで判事補を歴任。2014年に最高裁首席調査官。18年には東京高等裁判所長官を経て、19年、最高裁判事になった。

2021年6月、最高裁大法廷は民法と戸籍法の夫婦同姓規定について「合憲」との憲法判断を示した。夫婦別姓を認めず、婚姻届を受理しないのは憲法に違反すると訴えた件について、裁判官15人のうち11人は「合憲」、4人は「違憲」としている。教駒OBの裁判官、山口さん、林さん、長嶺さんはいずれも「合憲」と判断している。同年10月、国民審査が行われ、最高裁裁判官11人の罷免率で林さん、長嶺さんは7%を超えている(山口さんは審査対象外)。これは他の裁判官よりかなり高い数値で、夫婦同姓規定への「合憲」判断が、彼らに対してのアレルギーを引き起こしたと見ていい。これについて、筑駒OBで東京大教授の牧原出さん(86年卒・34期)がメディアにこう投稿している。「夫婦別姓の制度化について、今後も続くであろう訴訟に一石を投じた国民審査であったように思います」(朝日新聞デジタル2021年11月3日)

筑駒OBのある弁護士はこう話す。

「ちょっと情けない。たまたまそういう考えの持ち主と思いたいが、男子校文化の負の側面が表れたといえなくもない。バリバリ働く女性が同級生にいたら、違っていたかもしれません」

このようにジェンダーに関連するテーマにおいて前向きでない考えを示す人が男子校出身の場合、男子校であることが根本的な要因とされる見方がある。男子校でもジェンダー教育をしっかりしていれば、女性をもっとリスペクトする考え方を身につけられるのではないか。筑駒ＯＢからそんな提言もあった。次章では筑駒にジェンダー教育が足りないので充実すべきという注文を紹介する。学校にすれば大きな課題となる。

青色発光ダイオード裁判を担当した元・東京地裁裁判長

１９７３年東京大合格者数で東京教育大附属駒場高校は１３４人を数えた。灘高校、開成高校を押さえ、教駒・筑駒の歴史上、東大合格者数ランキングで唯一１位になった年である。このうちの１人が弁護士の三村量一さんだ（73年卒・21期）。

三村さんは東京大法学部を卒業後、東京地方裁判所判事補となり、それ以降30年余り裁判官の職にあった。２００９年、東京高裁判事を最後に弁護士に転身した。特許権、著作権等の知的財産の問題に詳しい。

三村さんが担当した裁判でたいへん話題になった判決がある。

カリフォルニア大サンタ・バーバラ校の中村修二教授がかつての勤務先、日亜化学工業に対して、青色発光ダイオード（ＬＥＤ）の実用化を可能とした職務発明の対価として２００億円の支払いを求めていた。２００４年1月、東京地裁裁判長だった三村さんは、日亜化学工業に請求満額の２００億円を支払うよう命ずる判決を言い渡している。

地方の中小企業が特許発明により世界的企業に成長した極めて希有なケースであることを、判決言渡しの際に法廷で説明したが、いくつかの大企業そして経団連から批判される。他方、すばらしい発明をしても金一封ですまされていた研究者からは「勇気づけられた」と評価された。

三村さんはもともと知的財産の事件に取り組みたかった。多くのケースで数学、物理、化学がふつうに出てきておもしろかった。そして知財分野において最高裁判決がほとんどなかったからである。次のように説いてくれた。

「裁判官には2つのタイプがあります。一つは秀才型で、先例を一生懸命調べてみんなが納得できる判決をしたいタイプです。もう一つは先例がないのでうれしくなり、自分が先例を作っていきたいタイプです。わたしは後者でした。これは元をただせば教駒時代にさかのぼります」

三村さんによれば、法律は暗記ではなく論理学である。ここはこう理解しないとこっち

とこっちは矛盾する。こうしないと悪い回避策、裏技が通ってしまう、と考える。そこで、裁判官は判例を作るとき、どのような心構えをするか。

「こういう先例がある、というのは頭の良い学生がアルバイトでも調査できます。将棋や囲碁で定石を覚えるのと同じです。他方で定石を作る、つまり裁判官が新しい判例を作るためにはオリジナリティが求められます。わたしがオリジナリティを身に付けることができたのは、教駒での3年間のおかげです。教駒が生徒を型にはめなかったので、個性はつぶされず、伸ばしてくれたからです」

２０１９年、三村さんは筑波大附属駒場中学・高校の同窓会である若葉会の会長に就任した。筑駒ＯＢの若い世代と交流を深めたいと語っている。

政界に打って出たOB

政治家に話を移そう。

衆議院議員（日本共産党）、被爆2世の笠井亮さん（71年卒・19期）の議員会館応接室には、教駒時代の恩師の美術科教員が描いた絵が飾ってある。「8月6日のメモリー」という題名の原爆をモチーフにした油絵だ。１９９５年、笠井さんが立候補し、参議院に初当選したとき贈られたものである。

在学中、政治的に行動する生徒が少なくなかった。笠井さんは高校3年のとき日本民主青年同盟（民青）に入る。校内では民青が活動していた。

「高校の全校生徒480人のなかに民青がかなりいたのは、戦争反対への思い、自治意識が強かったからでしょう。先生から集会、デモに参加するな、と言われたことはなく、ぼくたちを信頼していました」

1971年春は駿台京都校、秋には東京の駿台高等予備校に通う。浪人中だったが、予備校の授業が終わってから夕方に、仲間たちとともに国会前デモに参加した。

東京大経済学部を卒業後、民青本部で活動し、ヨーロッパに3年間、駐在するなどした。党本部勤務を経て国会議員になってから、永田町で同窓とよく出会う。

「教駒ＯＢや同期の本省幹部、外交官、大学教授、会社役員ともよく話します。考えは違い論戦しても、立場の違いをわきまえつつ、刺激し合っています」

衆議院議員（自民党）で法務大臣の齋籐健さん（78年卒・26期）は高校から入学した。小学校3年のときの担任教諭が「齋籐くんは勉強を一生懸命するから、しっかり準備すれば日本一の中学、教育大駒場に入れる」と激励した。齋籐さんはそれを真にうけ受験するが、教駒中の2次試験で受からなかった。

齋籐さんは負けず嫌いゆえ、教駒高校を再び受験し合格する。1975年入学だ。そのときの印象をこう語る。

「いい奴が多かった。良い家庭に育って大事にされている感じがしました。先生はマイウエイだった。受験のことを考えない人ばかりで、世界史は山川の教科書を配って「自分で勉強しなさい」と言われ、日本史はいきなり明治維新からはじまる。英語も数学も受験に役立つとは思えませんでした」

勉強は自分でするもの、学校に期待するな、と受け止めた。

しかし、それは今考えると、これまでの生き方につながっているのではないか、と振り返る。

「どの参考書を使えばいいか、どうやって勉強すればいいか。自分で考えて試行錯誤することで自分なりの勉強法を探り当てました。独学の大事さを知ったわけです。選挙も独学でした。だれも教えてくれない。自分で選挙に勝つ方法を考え、実践しました」

東京大経済学部を経て通商産業省（現・経済産業省）に入省するが2006年に退官し、09年、衆議院議員となった。17年、農林水産大臣に就任する。このとき、教駒・筑駒からの大臣は細田博之さん（63年卒・11期）に次いで2人目だったという。

「意外に少ないでしょう。教駒OBは政治家に向かないんです。がつがつしないからです。それはがつがつしなくてもみんな認め合いリスペクトするという、教駒の校風にも示されます。役人から政治家になるとき相当な度胸がいるので、みんなそこまでリスクを負うことはしない。わたしはレアケースです。実際、同級生の多くは官僚、学者など安定した職業に就いていましたから」

農林水産大臣就任時、教駒・筑駒出身の官僚がお祝いしてくれたが、大がかりなものではなかった。群れない、という校風を象徴しているようだった。

齋藤さんは2022年11月、第2次岸田改造内閣で法務大臣に就任する。前任の大臣も教駒OBで警察庁出身の葉梨康弘さん（78年卒・26期）だったが、「法相になっても金にも票にも縁がない」「法務大臣は死刑のはんこを押す地味な役職」などと失言し、その責任を問われ事実上、更迭されてしまう。また、同時期、山際大志郎・経済再生担当大臣が旧統一協会との関係を取りざたされ辞任し、その後任には教駒OBの後藤茂之さん（74年卒・22期）が就いた。開成OBの岸田内閣で教駒OBが2人、大臣になった。

左右関係なく、自由にものをいう

衆議院議員（自民党）の赤澤亮正さん（79年卒・27期）は東京大法学部を卒業後、運輸省（現・国土交通省）に入る。同省には筑駒の同級生が6人もいた。先輩も多い。2005年に退官し、同年には自民党選出の衆議院議員となる。

「ほかの政治家ならば何十年もかけて官僚にネットワークを作るが、各省に筑駒出身の官僚が多く、仕事はスムーズに進められました。筑駒出身の官僚は、筑駒中高時代、物事を押しつけない先生に育てられたので、「おれの言うことを聞け」という我が強いタイプはいなかった。互いの能力は認めて一緒にやろうという感じです。ボスが現れてそれなりに序列ができて、群れが作られる、という世界とは無縁でした」

参議院議員（日本共産党）の小池晃さん（79年卒・27期）は高校から入学した。このとき、大きな衝撃を受けた。

「世の中にはこんなに頭がいい奴がいるのか。とても追いつかない。記憶力が優れているというより、考える能力が違う。まったく違うところから発想する力は、努力して追いつくものではないと思いました。だからといって「ガリ勉」はしない。受験勉強を人に見せるのはかっこ悪いという空気がありました」

小池さんは東北大医学部に進んで医師となり、1998年、日本共産党選出の参議院議員となった。教駒・筑駒OBには、立場を異にする自民党議員がいる。

「めざす方向はまるで違うけど、互いにきちんとした考えに基づいて話すので言葉はしっかり通じます。結論は違うけど、立脚点が同じみたいなところはありますね」

国会では同級生の官僚を追及しなければならないこともある。「筑駒時代に仲が良かったので、やりにくいこともあった」と振り返る。

徳島県知事で元・衆議院議員（自民党）の後藤田正純さん（88年卒・36期）は、筑駒時代について「落ちこぼれだった」と自嘲気味に振り返ってくれた。

「そこで、どうやって生きていこうかなと考え、化学反応を起こす触媒になろうと思いました。自分で光を発するのではなく、無欲で優秀なエリートに活躍してもらって、日本の社会を良くしたい。わたしの政治家としての基本的な姿勢につながります」

後藤田さんは筑駒の良いところにずいぶん助けられた。

「外形的にみれば東大合格者が多く進学実績は抜群です。しかし、「おれ、筑駒だぜ」という同級生は見かけなかった。先生には申し訳ないけど、生徒のなかには先生以上に勉強して頭が良い人はいました。しかし、学力や学歴で価値を見出すようなことをしなかった。わたしは肩書でなく人の本質をみることができたのは、筑駒にいたおかげです」

衆議院議員（自民党）の鈴木隼人さん（96年卒・44期）は高校から入学した。このとき、内部生同士の会話が理解できなかった。

「だめだ、ついていけない。世の中にはすげえ奴らは山のようにいる。ものすごくショックを受けました。自分とは異次元の人に会う経験をしたことで、自分自身、謙虚にならざるをえない。おごる要素はありませんでした。ただ、これが人格形成に良い影響を与えたと思います」

「ぼくは東大、君も東大と話す雰囲気に衝撃を受け、自分も東大を受けなければと奮い立たせてくれました」

筑駒での体験のなかに、政治家につながるものはあるだろうか。

「自由な学校なので、自由に考えることを許された。そして、自分の考えを深めたり、広げたりできる。そんな環境は政治家としての考えを育む上で大きかったです」

衆議院議員（立憲民主党）の山岸一生さん（00年卒・48期）は、ある教員が定年退職したときの挨拶をいまでも覚えている。こう話した。

「諸君、ぼくは君たちに言いたいこと2つがある。一つ、グローバル企業を監視せよ。二つ、日本国憲法を死守せよ。さらば」

こうした考え方に、山岸さんは100%賛同するわけではなかったが、左右関係なく、自由にものをいう。それをみんなが認め合う雰囲気は好きだった。

「おれは違う意見、と受け止めて、みんなでわいわい騒ぐ。数学では答えがでないような問題をみんなで話し合う。何事も自主的に考えようという校風は人格形成に役立ちました」

課外活動は軟式テニス部に入った。「筋トレ、球拾い、いっさいなし。1年生でもガンガン打てる」という勧誘の文句に惹かれたからだ。

「スポ根、バンカラとは対極で、楽しくやろうという感じでした。彼らとはいまでも付き合いがあり、選挙活動を手伝ってくれた人もいます」

筑駒ではOBの結束が強くない。同窓会組織は活発ではない。

「筑駒は閉じられた空間で同質性が高い集団ですが、昔の仲間とつるんで利権を独占しようという発想はないです。社会に出たら、みんなそれぞれがんばろう、という程度です。自分のやり方に自信があるからでしょう」

前田順一郎さん（93年卒・41期）は東京大経済学部卒業後、都市銀行、監査法人、国土交通省勤務を経て、現在、公認会計士、税理士の傍ら立教大学で客員教授として教鞭をとるなど多忙を極める。

政治の世界に足を踏み入れようとした。これまで国政選挙で立憲民主党、日本維新の会から立候補したが、かなわなかった。

「筑駒でなかったら、上司を尊敬する立場で縦社会を尊重し、上から言われたことを「はいはい」と聞いていたでしょう。政治家になるなら自民党の上下関係を守り偉い人に従って動くのが有利かもしれない。でも、そう考えなかったのは、なんだかんだ言って筑駒の自由でカオスな校風に影響を受けたからかもしれません」

一方、財界で活躍する教駒・筑駒ＯＢはそれほど多くない。

企業トップには、元・神戸製鋼社長の水越浩士さん（57年卒・5期）、元・富士火災海上保険社長の近藤章さん（63年卒・11期）、元・ソニー・ピクチャーズ エンタテインメント社長の町田治之さん（65年卒・13期）、ＪＲ東日本会長の冨田哲郎さん（70年卒・18期）、元・カネボウ社長の小城武彦さん（80年卒・28期）、元・大王製紙社長の井川意高さん（83年卒・31期）などがいる。いずれも東京大出身だ。

錚々たる研究者たち

幼少のころから秀才、天才と言われた彼らは、実際、それを証明するかのように研究者となり、大学の教壇に立っていた。大学があまりにも好きすぎて、その大学のトップに立ったＯＢもいる。早稲田大総長は2代連続、教駒ＯＢだった。白井克彦さん（58年卒・6期）、鎌田薫さん（66年卒・14期）である。元・立教大総長の吉岡知哉さん（71年卒・19期）、明星大学長の落合一泰さん（70年卒・18期）、国際大学長の橘川武郎さん（70年卒・18期）などもいる。

人文社会科学系から紹介しよう。

東京大、一橋大の名誉教授の伊藤隆敏さん（69年卒・17期）は、消費税の増税で財政再建をはかるという、インフレターゲットを唱えていた。こうした主張を評価したのか、2008年3月、福田康夫首相は伊藤さんを日本銀行副総裁に起用する人事案を国会に提示した。衆議院は同意したが、参議院では野党4党の反対多数により不同意となった。伊藤さんは日銀副総裁になれなかった。

前述した日銀新総裁で東京大名誉教授の植田和男さん（70年卒・18期）と同期の、東京大名誉教授の吉川洋さん（70年卒・18期）は2000年代前半、内閣府経済財政諮問会議議員として、当時の小泉純一郎内閣のブレーンと言われた。東京大を退官後は立正大の学長に就任した。

植田さん、吉川さんはいずれも東京大助教授時代、若手学者の登竜門的存在のサントリー学芸賞を受賞している。同賞受賞者には教駒・筑駒OBがしばしば登場する。ほかに作家の四方田犬彦さん（71年卒・19期）、ロシア文学者の沼野充義さん（73年卒・21期）、政治学者の牧原出さん（86年卒・34期）、批評家・小説家の東浩紀さん（90年卒・38期）、歴史学者の塩出浩之さん（93年卒・41期）などがいる。

経済学分野で前出の伊藤さん、植田さん、吉川さんと対極の立場で発信しているのが、慶應義塾大名誉教授の金子勝さん（71年卒・19期）だ。小泉純一郎政権が掲げる新自由主義的経済政策を厳しく批判していた。金子さんは筑駒同級生で医学者の児玉龍彦さん（71

年卒・19期）と共著を数冊出している。『日本病――長期衰退のダイナミクス』（岩波新書）などだ。２０２０年代、児玉さんはコロナ禍に関連して「正しく恐れるために」と抗原検査の重要性を訴えている。

東京大教授の牧原出さんは政治学、行政学の分野から国会議員や官僚の生態に鋭くメスを入れてきた。22年には安倍晋三・元首相の国葬を「なんちゃって国葬だ」（朝日新聞デジタル22年9月22日）と指摘している。また、23年、尾身茂さん（69年卒・17期）へのインタビューをまとめた『きしむ政治と科学――コロナ禍、尾身茂氏との対話』（中央公論新社）を刊行した。

教駒・筑駒の同級生、先輩後輩が出版物で日本の社会について語り合う。母校は「群れない」と言われる。しかし、学者としての性だろうか。この国を思うばかりにタッグを組んで発信せずにはいられなかったのだろう。

名古屋外国語大教授・東京大名誉教授の沼野充義さんは、ウラジーミル・ナボコフ、アントン・チェーホフなどの翻訳を手がける。ロシアのウクライナ侵攻に大きなショックを受けた。ロシアをこよなく愛し、ロシア文学に魅了された沼野さんは、その行く末について悲観的な見方をしている。「私はプーチン氏が仕掛けた今回の戦争は基本的に大失敗に終わると思う。プーチン政権の没落、そしてロシアが世界の中で相手にされない二等国に

引きずり落とされることの始まりになったとみている」(「週刊エコノミストOnline」22年3月30日)

同志社大教授の内藤正典さん(75年卒・23期)はイスラーム研究の専門家である。23年10月イスラエルとハマスのあいだで軍事衝突が起こるとテレビで引っ張りだことなった。パレスチナ問題について歴史にさかのぼってわかりやすく解きほぐしてくれるからだ。

京都大教授の塩出浩之さんは『越境者の政治史』でサントリー学芸賞のほか毎日出版文化賞、角川源義賞のトリプル受賞を受けた。同書では20世紀前後に北海道や旧満州、朝鮮半島や南北アメリカに渡った日本人が、市民権や参政権を求める活動を描き、「日本人」というルーツを持ちながら生きるために必要な権利について論じている。

千葉大教授の小林正弥さん(82年卒・30期)は政治哲学を専攻し、「白熱教室」で有名なハーバード大のマイケル・サンデル教授と懇意にしている。

中央大教授の山田昌弘さん(76年卒・24期)の専門は家族社会学である。成人になってからも親と同居し続ける未婚者をさす「パラサイト・シングル」、結婚のためにさまざまな活動することをさす「婚活」の名付け親として知られる。

名古屋大教授の戸田山和久さん(77年卒・25期)は科学哲学を講じる。哲学や科学的思考の入門書や論文の書き方など、多くの著作を刊行してきた。『教養の書』(筑摩書房)の宣伝文句がふるっている。「「教養とは何か」にビシッと定義を与え、行く手を遮るものたちをバシッと指摘し、どう対処すればいいのかをブヒッと示す！」（筑摩書房ウェブサイト）。学生の心を摑むために努力を重ねており、教育者としてあるべき姿を示してきた。

法政大名誉教授の鈴木晶さん（71年卒・19期）はフロイト、ユングなどの研究者であり、エリザベス・キューブラー＝ロス『死ぬ瞬間』（中公文庫）の翻訳者として知られる。また、舞踏、西洋バレエ史にも造詣が深い。同じく法政大名誉教授の稲増龍夫さん（71年卒・19期）は大学で自主マスコミ講座の顧問をつとめ、小島奈津子さん（元フジテレビ）、鈴木奈穂子さん（NHK）など、多くの女性アナウンサーを送り出した。『アイドル工学』（筑摩書房）などを著し、AKB48などアイドルをとりまく社会現象を文化論の立場から語っている。

元・九州大教授の吉岡斉さん（72年卒・20期）は科学史研究者として、内閣官房設置の東京電力福島原子力発電所における事故調査・検証委員会の委員、原子力市民委員会の座長をつとめた。

主流に与せず斜に構える

法政大教授の杉田敦さん（78年卒・26期）は日本学術会議の任命拒否問題を政治介入と

して厳しく批判する。

「例えば文科大臣が任命する国立大学の学長人事で、大学が決めた学長を任命しないといった事態も起きかねません。科学者コミュニティーの自律性が政府に奪われると、結局は国策に沿う方向の研究や発言以外はしにくいという状態に陥る。これこそが学問の自由の侵害につながります」（日刊ゲンダイ2020年11月3日）

杉田敦さんにとって、教駒時代、「自分も研究者という生き方もあるのかなあ」と、アカデミズムの世界が遠い存在ではなかったようだ。友だちと気軽に専門的な話ができたことも大きい。

「分野がまったく違う人でも話が通じやすかった。理解力が高いのでしょう。ああこうなのか、とすぐわかってくれた。これはありがたかったです」

教駒・筑駒は群れない、とOBのあいだでよく言われる。

官僚、企業人、そして研究者も一緒になって盛り上がるという気風はないようだ。杉田さんの専門の政治学分野でも、教駒・筑駒OBの学者が10人以上いるが、集まることはまったくない。一緒に何かをはじめる、ということもまったくないという。

教駒・筑駒OBに特徴らしいものはあるだろうか。

「社会に対して野党的な立場で接するというのは、OBの一部にあるかもしれません。官僚が多いので与党的な振る舞いにはなるけど、組織のなかでは一匹狼ではないでしょうか。出世欲から偉くなろうというのはほめられたものではない、という考え方はあります」

学者としてはどうだろうか。

「自分もそういわれるけど、斜に構えている。正面から社会をこうしたいというより、大丈夫かな、とすこし横から眺めるところがあります。学者として主流ど真ん中を進むことは恥ずかしいという気風はありますね」

学者にとっては、主流に与せず「斜に構え」るというスタンスは重要であろう。これこそ学者のあるべき姿であり、そこから新しい学説が生まれる。そういう意味でも教駒・筑駒は学者を育てる素地があるといっていい。

教駒・筑駒には学者になるべく、秀才が多く集まってくる。

「まわりに秀才が多いので自分が相対化されてしまう。自分はたいしたことがないと思えてしまい自分を過信しない、それゆえ、しゃしゃりでることもない。よく言えば控え目ですが、悪く言えば、やはり斜に構えてしまうのでしょう」

教駒・筑駒からは多くの官僚を輩出したが、その割には事務次官などトップになって出世した人は多くない。それほど目立たない。控え目ゆえ、がめつく出世しトップをとろうとしないからだろう。

失われた日本と経済学者への道

安田洋祐さん（98年卒・46期）はプリンストン大でPh.D.を取った。経済学をわかりやすく解説し、テレビ、ラジオのコメンテーターとして活動する。筑駒時代を振り返る。

「高校の途中からは金髪にしていました。最初は脱色剤を買ってきて家でちょっと茶色く染めるくらいでしたが、それほど時間をおかずに美容院で「ド金髪」にしました。母には小言を言われましたが、父は自由放任。赤や青に染めた時には「今度はそんな色か」と新鮮に面白がっている様子でした」（朝日新聞デジタル2020年7月1日）

安田さんは、勉強ができる生徒が集まるゆえ、筑駒生の多くは居心地の良さを感じているように見えたという。

「こいつができるとか、できないとかは気にならず、それはとても良かった。まわりには数学オリンピック入賞者、外国へ行ってもいないのにTOEIC満点、模試で全国1位などがいる。彼らを見てきたので、東大に進んでから、留学してから、すごいと言われる人が現れても「この程度か」と思えるようになりました。ほかの学校出身だったら、カルチャーショックを受けていたかもしれません。大学で自分を見失わず、好きなことに打ち込めたのは、筑駒の特殊なカルチャーで6年間を過ごしたおかげです」

教員にはかなり偏った考えの持ち主がいた。式典で君が代を教員の半分ぐらいが歌わない。生徒の前で「赤旗」を読んで授業を進める教員もいた。そして、純粋さから彼らを真似する同級生たち。安田さんは大人げないと違和感を覚えた。

高校2年のとき、社会科の教員がこんな話をしている。1996年のことだ。

「日本は高度経済成長を経てバッシングを受けた。それがパッシングに変わり、いまではジャパン・ナッシングとまで呼ばれ存在感がなくなった。この凋落しつつある日本を君たちがなんとかしてほしい」

これが安田さんの将来に関わってくる。

「日本をもっと良くできないかなと思いました。そのためには、失われた日本の原因を解明したいと学問の道に進みます。結果的に経済学者になったのは、この「失われた」が原体験にあります」

筑駒OBには経済学者が少なくない。東京大に進んだ安田さんはゲーム理論やマーケットデザインなどの研究者として名高い。大学在学中、教駒OBで前出の経済学者、吉川洋さん、そして現・日銀総裁の植田和男さん（いずれも70年卒・18期）のゼミで学んだ。

東京大教授で経済学者の小島武仁さん（98年卒・46期）は高校から筑駒に入学した。そのとき感心したことが2つある。同級生が普通に見えるのにやたら勉強できることと、高校入学組と中学からの進学組とのあいだで垣根が低かったことだ。

「高校から部活に入ってもすぐに友だちができ、人数が少ないので、みんな仲が良かったのはありがたかった」

小島さんは自然科学系分野に興味があり生物部に入っていた。

「顧問の先生が最新の分子生物学を教えてくれました。生物学の話を活き活きとしている姿が楽しそうで、生き方もかっこよかった。研究の世界はすごいと思いました。自然科学系に限らず、教員は生徒の好きなこと、興味があることをエンカレッジしてくれました」

一方で、教員には斜に構えたところがあるように見えた。

「ある社会科教員は、生徒からアカと呼ばれても三池炭鉱事件に関わる労働争議を語る。国語科教員は旧仮名遣いで話す、いずれも教科書の内容をばかにしており、すこし変わったことをやろうとしているように見えました」

小島さん自身、みんなが良いと言っているような話には口をはさむ。そんな斜に構えたところがあったという。学生時代、授業で数学の証明が間違っていると指摘して教授を慌てさせた。後にノーベル賞を受賞したある教授の論文の誤りを指摘した論文を書いたところ、その後の就職活動時にその教授が面接官として出てきて「やばい」と思った経験もした。

「アカデミアが正常に機能するために、学者は通説にのらないで「違う」と主張するのは大切なことです。みんながやっていることに取り組んでも学問は発展しない、変なことをするのは大事なトレーニングになります。筑駒での斜に構えた経験は、わたしの学者生活に影響しているかもしれません」

逆説的にいえば、これこそ学問の正攻法であり、世の中からうざがられることをしないと、学者として大成しない、ということだろう。筑駒はその素地を作ったといえよう。

構造的な「全体像」をみる歴史のおもしろさ

評論家の與那覇潤さん（98年卒・46期）には印象的な授業がいくつかあった。強烈なインパクトを残してくれた社会科教員がいる。マルクス主義が根底にあり、一方で反スターリンを鮮明にする話が印象的だった。

「公民で搾取率の計算を教えるんですよ。僕たちは小学校高学年のとき3％で消費税が導入され、おこづかいが目減りした世代だから、そこに「搾取率」という用語は強烈だった。逆にスターリンがいかに社会主義を歪めたかを説く際には、キーロフ暗殺のようなマニアックな事件も教わった。政治的には「反帝反スタ」で、日本の「反共政策」も非難していました」

明らかに偏った内容だが、生徒は傾倒するでも反発するでもなく、一つの「見方」として聞いていたようだ。

与那覇さんはこう振り返る。

「世の中を批判するときも、単なる悪口ではなく「こういう仕組みになっていることから問題が生まれる」とする教え方でした。マル経にせよ、のちに歴史学を研究する上でも参考になっています。個別の事象だけでなく構造的な「全体像」をみるところに、歴史のおもしろさがある。筑駒の授業から学んだことです」

教員についてこう話す。

「いわゆる「総合学習」が導入される前から、実質的にやっていたわけですね。指導要領は気にせず、教員自身が好きなように授業を一からデッサンする、大学のような教え方です。わたしも中高の社会科免許を取得したのですが、そうした教え方をさせてくれる学校に就職できるかはわからないから、大学の先生を一時やった。それだけですね」

与那覇さんの2期上の生徒会長、柴山和久さん（96年卒・44期）は東京大法学部から財務省へ進んだが、退官して独立系コンサルタントになった。

「驚きました。あるべきルールをいつも考えている、「ザ・筑駒」というエリートでしたから。ただ筑駒に内ゲバがないのは、ケンカするより「自分一人で勝手にやる」ことの裏返しだから、最近のコンサルタント志向にも通じてはいますね。一方で、政治家は必ずしも多くない。国民の全体に訴えて問題の解決を目指すより、俺の周りの環境を変えた方が早い、という発想の方がなじむ世界ではあったかもしれません」

「文藝春秋」（2023年4月号）の「同級生交歓」欄で筑駒46期生の安田洋祐さん、小島武仁さん、與那覇潤さん、森林原人さん、吉橋航也さんが登場する。男優の森林さんは、安田さんを「文武両道のイケメン」、小島さんを「天才肌」、與那覇さんを「予言者」と評した。吉橋さんは東京大法学部を卒業後、東京乾電池などの劇団に所属し俳優の道に進み、2023年に40歳をすぎて初の映画主演作「愛のこむらがえり」が公開された。かなり濃いキャラクターが集まった世代といえる。

頂点を取るよりも自由な存在であり続けたい

東京工業大教授、副学長の上田紀行さん（77年卒・25期）は中学生のとき、文化祭で高校3年だった野田秀樹さん（74年卒・22期）の演劇を観て、「異次元に連れて行かれるのか」と思うほど驚愕する。

授業は大学、大学院レベルの内容だった。

世界史ではマックス・ウェーバーの『プロテスタンティズムの倫理と資本主義の精神』の解説書、大塚久雄の『共同体の基礎理論』を使っていた。

上田さんはいま、東京工業大でリベラルアーツ教育を担当し、ときおり教駒時代の教えを振り返る。

「学問は受験勉強とはまったく別物であり、その先を探究することを気付かせてくれました。大学で講義をしていても、高校時代の先生たちの顔を思い浮かべることがあります。それほど、教駒はリベラルアーツ色が強く、生徒も受験のためのガリ勉をバカにしていました」

国立大学は、建学の精神がなく、それゆえ自発的な自由さが生まれたのではないか。上田さんはそう感じとった。上級生から理不尽さを押しつけられることもない。

「開成出身の首相誕生が「悲願」と言われたり、側近に開成出身者を集めたりというのを見ていて、開成と教駒は違うんだなあと感じさせられました。上昇意欲とか、先輩後輩が力を合わせてトップに立とうというすさまじい怨念ですよね。教駒には上昇意欲とかルサンチマンを発生させる装置はあんまりありません。頂点を取ることよりも、自由な存在であり続けたいという思いが強いのではないでしょうか。一致団結という集団主義的な発想をバカにしがちです。教駒のために死ねとはだれも言わない、という校風です」

東京大合格者数でランキング上位を開成や灘と争っていたが、教駒のなかでは順位はどうでもいい。東京大は行きたい人が入ればいい、という雰囲気だったという。

研究者を生み出す環境

防衛大学校教授で国際政治を講じる神谷万丈さん（81年卒・29期）は、左翼的、反体制的な考え方の社会科教員が印象に残っている。

1970年代半ば、日本共産党が総選挙で負けると、同党を支持する教員ががっかりしながら教室に入ってくる。神谷さんはこの教員の考え方には賛同できなかったが、教育者としてリスペクトするところはあった。

「貧困化の問題を熱心に語るなど、わかってほしいと思うことを正面からぶつけてきました。相手がガキだからごまかして考えを押しつける、というのではなく、こういう思想も大切だと生徒にわかってほしいという姿勢です。左寄りでソ連、中国への甘い見方にはついていけなかったが、この先生の人柄、指導の方法には敬服しており、先生は親しまれていました」

中学の卒業アルバムでは、日本共産党が負けたときにこの教員が肩を落とす姿の写真に「総選挙おわる」というキャプションが付けられている。そんな茶目っ気もあった。

国際大准教授の山口真一さん（05年卒・53期）は、新聞、テレビ、ネットニュースなどで、SNS上のフェイクニュースやネットの誹謗中傷といった諸課題について、解説を行っている。学者になったのは、やはり筑駒経験が大きい。

「筑駒では自ら設計し仕切ることを学びました。学者は関心がある問題を自分で設定し研究してアウトプットすることが求められるので、筑駒の教育とよく合っています。学者にとってこわいのはテーマが尽きることですが、新しい問いを立ててそれを追究することが枯渇しないのは、筑駒での経験が生きています」

文化祭では組織を動かすことを学んだ。生徒の自主性を重んじるやり方は、企業でトップになるためのリーダー教育につながると振り返り、こう注文をつけた。

「これからはさまざまな仕事がＡＩにとってかわられます。新しい発想に満ちあふれた会社が発展します。それゆえ、創造性を生み出す最先端知識を学ぶ環境の整備、たとえば作りたいものを作らせるプログラミング教育に力を入れてほしいです」

東京大名誉教授の平石貴樹さん（67年卒・15期）のまわりには１９６０年代、ハイデガー、サルトル、キルケゴールなど最先端の知を読む同級生がいた。

「だからといって、あれもこれも読まなければならないと、まわりからプレッシャーを感じるわけではなく、好きなやつが勝手にむずかしい本を読んでいるという感じです。研究者になるためには、とても良い環境でした」

先輩には創作活動で才能を開花させ、「文學界」「群像」に作品が掲載された者もいた。

文学好きの平石さんにとって、知的好奇心を満たし文学的素養を高めてくれた。一方でこんな思いも抱いた。

「文学の世界では、都会の裕福で恵まれた世界ではないところから生まれる小説家、たとえば、井上光晴や中上健次などが現れます。教駒には絶対に入学しない人たちの世界です。それが、教駒の足らないところで、弱点なのかもしれません」

　平石さんがそう考えるのは、自身が北海道函館出身で父は高校卒という家庭環境だったからと振り返る。楽譜を読めるような東京の子どもを見て違和感を抱いたものだった。教駒は、親が子どもに厳しく勉強させ、「最低でも早慶」という目標を立てさせる。そして官僚、学者、医者などの職業に就かせるような雰囲気だった。このような世界からは中上健次のような小説家は生まれない、と平石さんは考えた。

　平石さんには、いまでも気にかけている同級生Nさんがいる。教駒中の入学者の大半は日本進学教室（日進）に通っていた。いまでいうサピックスである。Nさんは日進で成績1番をとり続ける秀才ゆえ、教駒中入学時では他のクラスから顔を見に来るほど学年一の有名人だった。ハンサムだったので女子高生にもて、ひょうきんでドジなところがあり、みんなから愛されていた。

　しかし、Nさんは東京大入学後、新左翼党派の活動家になり、キャンパスから遠ざかってしまう。1960年代後半のことだ。東大闘争において、平石さんは東大全共闘を心情的に支持していた。東大全共闘活動家には教駒OBで何人かおり、逮捕者も出している。Nさんは熱心に活動を続けていた。

「30歳ぐらいのころ、Nにばったり会いました。彼は労働運動の専従活動家をやっているらしかったが、「詳しいことは聞かないでほしい」と言い残して別れました。その後、消息不明で、現在も行方が分かりません。あれほどの秀才だったNの身を案じています」

この党派はのちに内ゲバを繰り返し死者が何人も出るようなところだった。小学校時代そして教駒を通じて天才、秀才だった少年は消息不明のままである。

筑駒と京大はよく似ている

自然科学系で発信力が高いOBは東京大名誉教授の児玉龍彦さん（71年卒・19期）、京都大名誉教授の鎌田浩毅さん（74年卒・22期）だろう。

児玉さんは福島第一原発事故直後に国会の参考人説明で内部被曝研究の見地から、政府の対応を批判し、子どもと妊婦を守ることを最優先にすべきだと涙ながらに訴えた。2020年新型コロナウイルスの感染が拡大した際の日本の対策を失敗と決めつけ、なかでもPCR検査を制限したことを批判した。

「大量の検査をしないというのは世界に類を見ない暴挙です。感染症を専門としている人間にとって、この発想はあり得ない。感染症対策のイロハのイは、誰が感染しているかをきちんとつかむことです」（毎日新聞2020年6月30日）

鎌田さんの専門は地球科学、火山学、科学コミュニケーションである。「科学の伝道師」と称し、「世界一受けたい授業」「情熱大陸」「課外授業　ようこそ先輩」「体感！　グレートネイチャー」などに出演した。『富士山噴火と南海トラフ』（講談社）、『地球の歴史』（中公新書）、『火山はすごい』（PHP文庫）、『火山噴火』（岩波新書）など、一般向けの著書も多い。

鎌田さんは教駒時代を「教養であふれていた」と振り返る。教室ではデカルト、ゴヤ、作曲家で指揮者のシェーンベルクについて語り合う姿が見られた。

「大学に受かるための勉強を学校でやるのは恥ずかしい、文化祭や音楽祭など行事に全力を注ぐことが大事で、そこに学業とか受験とか入れてはいけない。そんな雰囲気がありましたね」

鎌田さんは東京大を卒業後、通産省地質調査所主任研究官を経て、1997年から京都大で教えている。長年、南海トラフ巨大地震と富士山噴火、防災のあり方について多くを語ってきた。

「実は、わたしは東大より京大のほうが合っていました。それは教駒と京大の風土には共通項があるからだと思います。なぜか妙に自信を持っている。でも、うまくいかなければ「これがおれの実力だあ」と開き直ってしまう。そして、自分しかできないすごい仕事をして生きていく。良い意味でいい加減なところは、両者に通じるものがあります。なにより教養を大切にするところも、よく似ていますね」

教駒の教員は「君たちはエリートだから、いずれ社会に貢献するんだよ」と諭すことがあった。「ノブレス・オブリージュ」(noblesse oblige　高貴なる者の義務)である。社会に出たら、自分たちの専門知識と教養を社会に役立たせる、みんなのために使う。鎌田さんは教駒での体験、教えをいまに生かしている。

東京大名誉教授の石井洋二郎さん(70年卒・18期)は東京大副学長時代、国立大学の行く末を案じていた。大学は運営から経営へと転換が進む一方、自立した「学問の府」としての存在感が後退しつつあるように感じたという。そして、こう警鐘を鳴らす。

「東大は「国立」大学であって、「国策」大学ではありません。そして本学が拠って立つところの「国」とは、あくまでも国民全体のことであるはずです。もし国策に疑問があれば、率直に議論を戦わせ、誤りがあれば毅然としてこれを糺すことが国立大学に託された本来の使命でしょう」(「学内広報」1521号、2019年)

しびれる発言である。

芸能界、スポーツ界、アダルトビデオ業界にも

芸能関係を見てみよう。

馬場義之さん（伊川東吾　65年卒・13期）は高校3年で俳優座養成所へ入り、のちに黒テントに参加している。1983年にイギリスに渡って、日本人俳優として初めてロイヤル・シェイクスピア・カンパニーの劇団員となる。映画「ジョン・ラーベ」「47RONIN」「スター・ウォーズ／最後のジェダイ」にも出演した。

矢崎滋さん（66年卒・14期）が有名だ。著名な言語学者だった父、矢崎源九郎を継いで学者になるつもりだったが、東京大在学中に芝居にのめり込み、舞台芸術学院の夜間部に通い、大学2年のとき、劇団四季に入った。

1970年代以降、劇団四季の音響を担当したのが、実吉英一さん（69年卒・17期）である。72年に劇団四季演出部研究生となり、その後、「キャッツ」「ウェストサイド物語」「オペラ座の怪人」「櫻の園」「ヴェニスの商人」などの音響を手がけている。

スポーツ選手で日本一になったOBがいる。古山貴基さん（00年卒・48期）は、東京医科歯科大在学中、全日本躰道選手権大会男子団体展開競技で1位となった。

男優の森林原人さん（98年卒・46期）は、在学中、今につながるエピソードを残した。裏ビデオの元締めをやったことがある。友だち10人で、10本1万円セットの裏ビデオを買う。1人1000円で1本ずつ好きなタイトルを選ぶ。家で受け取れないから、駒場郵便局の局留めにして受け取る。ビデオの存在そのものが違法ゆえバレたらやっかいだ。

「受け取りのリスクを僕が背負う代わりに10本を先に見せてもらう。利益を出す発想はなく、ビジネスセンスはなかったですね。仲間に官僚で出世してるやつがいて痴漢モノばかりチョイスしていたから、勝手に心配しています」

アダルトビデオ業界から母校を見て、森林さんはこう考える。

「筑駒はすごく温室だと思います。反社がいると言われる世界に入ってみたら、漫画かっていうぐらいの悪い奴がいました。女優を騙して金に換える人たち、暴力で人の人生を支配する人とか。それは筑駒にいたときには見たことがない人種です。そういう点で、筑駒はいい奴ばかりだなと思います」

森林さんはFacebookでまったく知らない筑駒OBからの友達申請がよく来る。働いている業界が筑駒とはかけ離れているからだろうか。

筑駒OBをザーッと概観してきた。

エリートである。リーダーは少なくない。とはいっても筑駒でエリート教育、リーダー養成が行われたというわけではない。

筑駒には小中学校時代、生徒会長、クラス委員、級長クラスだった生徒が集まっているから、エリート、リーダーになるポテンシャルが秘められた生徒がたくさんいる、という見方がある。だが、それだけではないと筑駒の教員は見立てている。

「開校以来、筑駒の教育は、受験教育と一線を画する教養主義といわれてきた。教員もこのことを意識しながら授業をつくり、学校活動を展開してきた。結果的に、60年近い歴史の中でさまざまな分野や領域で活躍するリーダーを輩出してきた」（「日本型「リーダー形成」の要件と学校カリキュラムの研究（1）」井上正允・大野新、日本カリキュラム学会発表資料、2005年6月）

ポテンシャル、教養主義、学校活動がうまくマッチして、すぐれたOBを生んだということになろうか。

第8章

筑駒はどこへ行くのか

教駒・筑駒は2022年、開校75年を迎えた。

1940年代後半から2020年代前半まで4分の3世紀、それぞれの時代を生きた教駒・筑駒OB約80人に話を聞いた。異口同音に「居心地が良かった」と振り返る。「こんな学校には通いたくなかった」とネガティブな見方をするOBに会うことはなかった。何人ものOBが、才能を発揮できる環境が整っている、突出した才能に出会えて刺激を受け自分を知る、個人主義を貫いてもそれを邪魔する者はいない――と回顧する。なるほど、筑駒は天才、秀才たちにとって、いわば楽園のようなところなのだろう。

ならば筑駒には課題、改善すべきところはまったくないのか。そんなことはない。OBに突っ込んで聞いてみると、「このままでいいのか」と疑問を呈す方が何人かいた。本章では、これらを提起しながら、筑駒はどこへ行こうとしているのか、考えてみたい。

性に対する考え方の未熟さ

まず、性の多様性、ジェンダーについて卒業したばかりのOBがこんな意見を寄せた。

東京大の学生、川口音晴さん（21年卒・69期）は高校3年間で性教育を受けなかったと振り返る。

「性に関しては、避妊や性的同意などで男子が女子を傷つけかねない立場です。それを知らないで大学生になってしまうのは怖いなと思いました。ノリで人を傷つけかねません。筑駒でホモソーシャルな雰囲気に晒される前に、性教育をしっかりすべきです。そして、性で悩みを抱えた生徒が相談できるセーフティネットがないので、学校は公式な相談窓口を作ってほしい」

男子校という学校形態が、性の問題について、深刻な影響を与えたのではないかと指摘したのは、Kさん（2000年代、中高に在籍）である。

「校内では、同級生の言動を指して、「○○はゲイだ」「あの部活はゲイがいっぱいいる」といったホモフォビア的言動も少なくありませんでした」

筑駒の常識は世間の非常識、という自嘲的な格言が校内にあった、という。

「学校生活では、生徒は多かれ少なかれ無知から生まれる過ちを起こします。こうした過ちから学び、社会に出たときに必要な価値観を養成することも中等教育の大事な役割であり、その価値観の中にはジェンダーやセクシュアリティ、人種、民族をめぐる差別や暴力を許さない姿勢も当然含まれます。しかし、当時の筑駒では、フェミニズムや性的多様性の視点で薫陶を受ける機会は限られていました」

森林原人さん（98年卒・46期）は、筑駒生は、女性に対するリスペクト感はかなり低いとみる。それはマザコンが多いことにつながると、森林さんは見立てた。

「お母さんを大好きではなく、お母さんは僕のことが大好きということです。お母さんべったりが高3まで続く人はたくさんいました。だから、自分が結婚したときも、妻が子どもの面倒を見るのは妻の一番の幸せだろうと考え、子育てを押し付けるわけです。お母さんになんでもしてもらった子どもだから、自然と男女の役割を決めつけ女性を低く見てしまう。家父長制の感覚が染み付いています」

このような男尊女卑の考え方は、筑駒が男子校ゆえに根付いてしまった側面がある、と森林さんが指摘する。

「思春期に女子がいなかったので女性との接し方がわからず、社会に出て困った筑駒生は多い。女性は未知なる存在か性の対象で実像がない。一方で、自分が男でいることが嫌になることはなく、男性性に対する肯定感は損なわれません。男であることに自尊心を持っています。ホモソーシャルの居心地の良さゆえでしょう」

川口さん、Kさん、森林さんは、男子校で思春期を過ごす男子には性に対する考え方の未熟さがある、と警鐘を鳴らしていた。女子がいないことによって歪んだ性意識を持ってしまう。もちろん、筑駒に限った話ではない。開成、麻布、灘など他の男子進学校でも

「ホモソーシャルな雰囲気」で同様な問題は潜んでいる。

筑駒で性教育を行っていないわけではない。どこまで具体的、現実的な問題に踏み込めるか、今後の課題となろう。たとえば、灘高校では「社会講義」において、性教育の専門家や甲南女子大の学生を招いて、女性の生理をテーマに生理用品を見せながら生理時の体調や負担などについて語ってもらっている。男子校であっても、性に対するまっとうな意識、ジェンダー平等についての良識的な判断を持ってもらう教育はできる。筑駒はこれまで各分野の第一線で活躍する専門家を呼び講義を行ってきた。性教育、ジェンダー平等に関する最新の知見を持った研究者、教育者が、筑駒生を前に講じることはいくらでもできよう、期待したい。ジェンダー平等が問われる時代、そもそも男子校のままでいいのか、という議論が起きても不思議ではない。３人のＯＢに聞いてみた。

衆議院議員の笠井亮さん（71年卒・19期）が提起する。

「自由な校風は魅力だったが、ジェンダーの視点から男子校であることが大きな課題です。わたし自身、性別を問わずもっと自由を謳歌したかったたな、という思いはあります。男子校のままでいいのか、議論されてもいいでしょう」

東京大教授の小島武仁さん（98年卒・46期）はこう話す。

「筑駒自体は素晴らしいですが、偏差値が高い学校に男子校が多いのは大きな問題です。女性版、共学版の筑駒もあっていいでしょう」

衆議院議員の山岸一生さん（00年卒・48期）が語る。

「国立の附属ながら未来永劫、男子校でいいのか。男性だけで同質性の高い集団として持続可能なモデルを続けていいのか。考えなければならないと思います」

それでも彼らは鉄緑会に通う

筑駒は東京大現役合格率が高い。日本一である。これについて、「筑駒の教育がすごいのではなく、筑駒生の多くが通う鉄緑会のおかげ」と指摘するのは、大手予備校関係者だ。2010年代以降、筑駒の生徒の6割以上は鉄緑会に通っていると、筑駒関係者（保護者、生徒、教員）は見ている。

実際、筑駒の生徒と鉄緑会は相性が良い。

2018年、筑駒からの東京大理科三類合格者は17人を数え1位となった。理三トップとなったのは、1970年、74年に次いで3回目だが、2018年の17人は筑駒史上、もっとも多い。理三の合格体験記がまるまる掲載された『天才たちのメッセージ　東大理Ⅲ』（データハウス刊）の2018年版には筑駒からの現役合格者7人が登場する。彼らの合格体験記の共通点は鉄緑会で勉強していたことだ。うち6人は中学から通っている。「中二の夏から数学だけ鉄緑会に」、「中高と鉄緑会に通っていました」、「筑駒入学後、中学の途中で鉄緑会に入りました」、「僕は中一から鉄緑会に入っていた」、「高2から受け始めた鉄緑会」、「筑駒に入ってすぐ鉄緑会に」、「中学の途中から鉄緑会に入った」

彼らが在籍していた2017年の鉄緑会パンフレットには、「鉄緑会指定校・在籍生徒数一覧」として、開成739人、桜蔭676人に次いで筑駒440人と記されている。

鉄緑会は課題が多いことで有名である。予復習、宿題をこなすのに相当な時間がかかる。鉄緑会ファーストだった筑駒OBがいる。中学2年から鉄緑会に通っており、こう振り返っている（以下の引用は『天才たちのメッセージ　東大理Ⅲ』の各年版で年号だけを記載）。

「筑駒の授業は受験にはあまり役に立たないんです。期末もただ覚えるだけなので、学校の勉強はもういいかなと思って、それからは鉄緑会の勉強に力を入れるようになりました。高1の頃、数学は鉄緑会の宿題をこなしていくだけ。（略）高2秋から取り始めた鉄緑会の英語に集中しました。高2から物理と化学も取り始めて塾の授業が増え、部活も続けていたので、塾の宿題は深夜までやって、そのぶん学校の授業で寝ていました。特に11月の文化祭の前は忙しくほとんど完徹。朝5時すぎまでやって、1、2時間寝てから学校に行って授業中に6時間寝て、それから文化祭の準備」（2017年）

２０１３年の鉄緑会パンフレットに掲載された理三「合格者の声」で、筑駒ＯＢがこんな痛烈なことを書いている。

「学校との進度の差に驚き、そのショックをバネに日々学習する習慣を身につけたのが勝因です」

優先順位は塾、文化祭、学校の授業である。筑駒と鉄緑会、どちらが主なのかわからない。ここまで徹底させるなら、筑駒でなくても良かったのではないか。こういう意見もある。

「中学に入ってからは、母に薦められて鉄緑会に通うようになりました。母はわりと教育熱心で、いろいろ情報を仕入れてくれていました。筑駒では基本的に勉強は自分でするしかなく、どこを受験するにしても、とりあえず数学と英語だけでも早くやっておいたほうが、後々のためによいと考えてくれたそうです」（２００５年）

中学受験の世界では、「中学受験は親の受験」と言われることがある。その習性が抜けきれず、親と子の相互依存はかなり強い。親子が仲良しで、信頼関係を構築しているのは悪い話ではない。しかし、「自分で調べ考える」ことを教えている学校としては、親になんでも頼る、親の言うことをなんでも聞く姿勢をよしとしたくはないはずだ。

２０２２年、筑駒の文化祭で高校自治会役員講演会が行われた。テーマは「筑駒を斬る」だが、筑駒中学高校受験生の保護者向け学校説明会、という様相だった。自治会役員は筑駒の自由な校風が生徒の個性や能力を伸ばしている、学校が生徒を信頼していることを訴えた。だが、保護者の関心事はもっぱら大学受験にありそのことを熱心にたずね、自由さについてはピンと来なかったようだ。保護者は自由に興味を示さず、質疑応答ではかみ合わないところがあった。筑駒教育のキモであるのに、もったいなさをわたしは感じた。

一方、高校自治会役員が鉄緑会に6割以上は通っていると話すと、保護者は大きく頷いていた。これでは「大学受験も親の受験」になってしまう、とわたしは心配したが、さすがに16～18歳ともなれば、自分で学校生活の過ごし方をよく考える。しかも筑駒教育で育った生徒たちだ。中学受験ほど親依存は強くないだろう。筑駒中受験でサピックスに通うのは親の意向が強い。それに比べて、鉄緑会へ通うのは、親のすすめがあったとしても、それは自分で判断して良かれと思ったからだ。2022年、筑駒2年生が「クラスメートと一緒にサークルに入るような感覚で鉄緑会に行く」と話していた。

鉄緑会は筑駒とは別の意味で安心できる空間のようだ。

「クラスに友達がたくさんいたので、学校の延長みたいで楽しいから行っていました」（2020年）

「楽しい」もう一つの理由として、筑駒出身の東京大の学生が教えていることも大きい。

「中1の2学期から鉄緑会に通うようになり、東大を視野に入れた勉強をしていました。また、鉄緑会では筑駒出身の方が先生をされていて、進路指導や学校のスケジュールなど気軽に相談でき、私には非常に合った環境で勉強ができていたと思います」（2008年）

クラスメートに加えて先輩もいる。とくに先輩は筑駒の授業をどのように受けたらいいか。悪く言えば、授業を軽く聞き流せばいいか、筑駒の三大行事との兼ね合いをどうつけるか、などをアドバイスしてくれる。これほど頼りになる先輩はいない。しかし、教員にすればおもしろいはずはない。

鉄緑会ファーストでありながら、筑駒の授業へのリスペクトを忘れない者もいる。筑駒と鉄緑会の役割分担をこんな形で行っていた。

「化学は鉄緑会の教材で勉強するので、あそこでやったことが学校の実験で出てくると、「鉄緑会でやったのはこれかー」と、面白く感じました。例えば銀鏡反応という銀が折出する実験をやったのですが、実際に観ると綺麗で、けっこう感動するんです。塾では実験はしないので、学校のそういう時間は貴重でした」（2018年）

一方、筑駒教員と鉄緑会の相性はよろしくない。

「今日は鉄緑会があるから部活や文化祭の準備を休む」という生徒がいれば、かつては石を投げられたという。しかし、いまはそんなことはない。鉄緑会を最優先させて文化祭は手を抜く。OBからすればショッキングな話である。文化祭はそれほど筑駒にとっては、生徒が自分で考え創造するという、学校の教育理念を体現する最大のイベントである。ビジネスにつながったという述懐は第3章で紹介したとおりだ。

元教員はこう話す。

「生徒は鉄緑会にすっかり取り込まれています。鉄緑会に左右される、邪魔されるという印象があります。鉄緑会には年に数回クラス分け試験があり、その時期に近づくと部活も休む生徒が出てくる。修学旅行の帰りの電車で鉄緑会の勉強をし始める生徒もいた。「さすがにそれはないいんじゃないの」と言っても聞かない。鉄緑会で良い成績を取り良いクラスに入って東大には現役で絶対に行く、と信じていますから」

鉄緑会の予復習、宿題はかなりの量である。筑駒の授業中、内職で鉄緑会の勉強をする光景はよく見られるようになった。鉄緑会の進め方にピッタリ合う生徒はいる。一方で身を滅ぼす生徒もおり、彼らはほかの予備校あるいは自宅自習に切り換える。

筑駒の別の元教員は、塾が生徒の才能を無駄遣いしていると指摘する。

「鉄緑会は過去問題を何度も繰り返し、設問に反射的に速く答えられるよう訓練しているのにすぎず、パブロフの犬のようです。こんな賢い生徒になんて下品なことをさせるのか、じつにもったいない話です。もっとほかに賢さを生かす教育ができるはずです」

それでも東京大合格実績の大看板に生徒は魅了される。塾通い体質が染みついて抜けきれない。筑駒からすれば鉄緑会から生徒を取り戻すためにはどうしたらいいか。鉄緑会に通っても意味がないと思われるような授業を行うしかない。

祭りの裏で

では、筑駒生の授業態度はどうなのだろうか。前出のKさんは決してほめられたものではないシーンがあったと、述懐する。

「授業に訴求力を感じないと生徒が判断すれば内職を始めるなどして授業に参加しない姿勢をあからさまに示す生徒がいました。実際、女性教員、非常勤講師、教育実習生の授業は学級崩壊レベルに荒れていたことがあります。生徒の間に、集合的な女性蔑視が潜在していたと考えられます」

生徒の気質についてこう見ている。

「他人にはあまり興味がないと思います。顰蹙を買う行動を取る人はいますが、だからといって、そいつをしめあげてやろうぜ、とからかう人はごく一部だった。勉強や部活などみんな自分のやりたいことがある。ゲームをしたい、塾の宿題をやりたい。人のことをいじめるほど暇ではない、みたいな感覚はあったかもしれません」

Kさんは、筑駒のような自由闊達な学びが今後も続くことを願う。一方でいくつかの課題があり、それに向き合うべきと考えている。

「「自由闊達」な校風を支えているのは「不自由や不条理を感じずに生きられる恵まれた環境」であり、意地悪く言えば「不自由な環境、あるいは不自由を感じている人のことを想像せずとも生きられる環境」です。筑駒は、都心の難関国立中高一貫校という、経済的にも地理的にも恵まれた環境で育った生徒が集まる学校です。とくに男子校という、女性が社会で置かれる立場を想像しづらい環境である限り、性やジェンダーの問題について生徒が学び考える機会を増やすことに力を入れることは不可欠ではないでしょうか」

その先には当然、機会平等の観点から男子校という形態を今後も続けるかどうかという議論がでてくるだろう。

また、Kさんは文化祭など三大行事についても、「これでいいのか」と課題を示した。

彼はほぼ毎年文化祭の企画責任者を務め、音楽祭の指揮者や体育祭の応援団長も経験するなど、みんなをまとめて導く立場にあった。そこで見たのが、行事からこぼれ落ちる人たちである。音楽祭で歌わない、体育祭を途中で抜け出す、文化祭の準備期間で不登校になる、などだ。Kさんは自省する。

「祭りを盛り上げていこう、良いものにしようとする人たちの思いが強まるほど、その強さに堪えきれない人との距離は広がります。そうした人のことを、自分はどれだけ考えられていただろうか」

筑駒の雰囲気にどうしても馴染めず、不登校どころか、学校をやめてしまった人がいる。金子裕介さんは1997年筑駒中学に入学して2000年、高校1年のとき退学した。卒業すれば51期生になるが、同窓会の会員名簿に記載はない。彼は大学入学資格検定（現・高等学校卒業程度認定試験）に合格し、東京大理三に入学した。こう振り返る。

「筑駒に在学中、〝出る杭は打たれる〟ようなところがありました。文化祭や体育祭など学校行事などで足並みをそろえさせられるのは、本当に嫌でした」

彼は「ルシファー」を名乗り支持者を集める一方、いま、医師国家試験の準備に忙しい。また、MITドットトウキョウという会社を経営しており、「magical OS」という組み込みOSを販売している。筑駒「OB」の起業家の一人だ。

筑駒の三大行事は満足度が高い。だが、全生徒がもろ手を挙げてバンザイというわけではない。「群れない」はずの筑駒生が三大行事で足並みをそろえてしまう、そんなノリについていけない生徒がいることも忘れてはならないだろう。

「いつかは社会に恩返ししたい」という人は一定数いる

筑駒ＯＢにすれば、在校中を振り返ると楽しかったことばかりが思い出され、どうしても絶賛調になってしまうが、すこし引いた目で見たとき、「これでほんとうに大丈夫なのかな」と心配する人がいた。そこで、筑駒の課題、これから期待することをＯＢの立場から語ってもらった。

高田光雄さん（53年卒）は1期生としてこう期待する。

「筑駒は群れない、と言われています。ひっくり返していえば協調性がないということで、実際、横のつながりが希薄なのはさびしい。個人の能力が高いゆえ、自分が頂点に立てばいいという考え方ではなく、リーダーシップを発揮し、秀でているものを社会にいかしてほしい。さらに秀でたものにしてほしいと思います」

細田博之さん（63年卒・11期）は政治家らしい意見を話してくれた。

「教駒で学んだ自由は、民主主義を考える上で基礎となり、血と肉になりました。また、超エリートとはどういう知識、学力の持ち主であるかについても客観的にわかったのは、良い経験でした。天才やエリートが社会をリードしないとこれからの日本はダメになります。だから最先端の教育を進めて、能力がある人はより高めてほしい。一方でチャレンジングな人材の登場を期待しています。筑駒でより自由に勉強させてビル・ゲイツ、スティーブ・ジョブズを出してほしい。一流の大学、一流の官庁、一流の企業に進めばよいという時代は終わりました。筑駒でチャレンジングなことを躊躇しないで進めてほしいですね」

筑駒はエリート教育機関とみなされる。しかし、それは東京大進学者が多いことから「エリート」と称されてしまい、学歴社会の頂点的に捉えられてしまうからだ。

四方田犬彦さん（71年卒・19期）は「エリート」は本来、もっと違う意味あいで理解されるものと考えている。筑駒＝エリートについて次のように話す。

「社会のために、さまざまな貢献をする人たちです。自分はまわりよりも恵まれた環境で育ってきた、まわりよりも良い教育を受けてきた。それゆえ、自分には社会のためにやらなければならない義務がある。そう自分に言い聞かせて、社会のために尽くすという義務を果たすのがエリートです」

イギリスのエリートに課せられる「ノブレス・オブリージュ」、身分の高い者がそれに応じて果たさねばならぬ社会的責任と義務に近いものである。教駒にもこのような精神をもった生徒がいた。それが、ベトナム戦争を非難した同級生だった。

東京大教授の小島武仁さん（98年卒・46期）はこんな見方も示してくれた。

「筑駒出身者は在学中から無邪気に生きながら「自分はエリートだ」と若い頃から意識し

てきた。その部分から「いつかは社会に恩返ししたい」という人は一定数いて、これは良いことだと感じています」

筑駒が、税金でまかなう国立学校なのにエリート校化している、として不要論を語られることがあるのは、前述したとおりだ。

参議院議員の小池晃さん（79年卒・27期）はこうした意見に与しない。

「筑駒は都道府県教育委員会の管轄ではないこともあって、どこからも縛られず自由な教育をしてきた。その結果、要所要所で日本にとって大事な人材を送り出し、知性と教養をもった人たちが発言してきた。良い意味でのエリートを育てており、特権階級的な教育機関ではない。もし、国立附属校をやめるような動きが出てきたら、僕は反対します」

徳島県知事の後藤田正純さん（88年卒・36期）は最近の筑駒ＯＢを見て、気質の面で気になるところがある。

「リスクを負わないことが最大のリスクだと思います。しかし、筑駒生にはリスクを負わないタイプが少なからず見られます。たとえば成績優秀だから東大医学部へ進んでしまう。なぜ起業しないのでしょうか。リスクを背負ってチャレンジしてほしいですね、既存の土台で貢献するのではなく。新しい土台を自分で作って挑戦する。いま、筑駒生に期待することです」

なじめない人は目立たないようにしている

金田雄介さん（07年卒・55期）は筑駒について次のような課題を示した。トップが当たり前の環境で育ち、周囲もそう期待しており、自分たちがそうしたいからとは関係なく、東大へ進んでからそのときの流行でトップとされる分野をめざす、相変わらずの風潮が根強いことだ。金田さんの時代は外資系銀行、その前であれば商社、官僚だった。

「トップの人がいくだろうというところに無批判に進みがちです。頭がいい連中だったからいけるでしょう。それがうまく合って幸せな人もいます。一方でウマが合わないという人もわたしは見てきました。受験、就活でトップ争いに拘泥せず、自分が楽しいと思えることを自由に探してほしい。その結果、選ぶものがキラキラしていなくてもいいのではないか。最近、筑駒でも東大に進学せず起業する人がでてきました。そういう自由さが大事だと思います。筑駒の先生もそんなメッセージを出してほしいですね」

出版社勤務の吉川裕嗣さん（12年卒・60期）は斜に構えた見方で話す。

「小学生時代は集団行動が苦手だったり、成績優秀などの理由で目立ってしまったりなどで、いやな思いをした経験がある生徒はいます。その点、筑駒の自由な雰囲気は居心地がいいでしょう。救われた人はいるし、自分もその一人です」

だからといって筑駒は理想郷なのか。吉川さんはこう続ける。

「筑駒にはいじめはないと言われますが、それは疑問に思います。でも、なじめない人がおり、そんな人は目立たないようにしています。人間の集団をユートピア化しすぎている。嫌われて孤立する人はいました。いじめがないという理想に寄りかかっています」

「SHIMOKITA COLLEGE」運営スタッフの河合道雄さん（09年卒・57期）は筑駒の受験に向けたシフトを懐疑的にみている。

「自由な校風のもとに、授業も独自な内容が多いですが、一方で筑駒生のほとんどは大学受験をします。そこで、中学に入ったときから塾に通う人が多く、東京大学などの大学進学に向けた学びの機会は塾に実質的に委ねられている側面もあると思います。自分がいた頃は、まだまだ進路について東大一辺倒でしたが、進路が多様になっていき、自分の興味を探求して進路を選ぶという文化が広まったらいいのにと思います」

東京大教授の小国喜弘さん（85年卒・33期）は、こう注文をつけている。

「優秀な子に限らず、人間らしく生徒と関わり合う空間であってほしい。おとなから信頼され、良い点を認めてもらいながら、自由に挑戦し失敗、成功できる時間、空間が保証できれば、生徒は伸びると思います。そういう学校であってほしい」

AtCoder CEOの高橋直大さん（07年卒・55期）もこんな注文をつけていた。

「筑駒でまわりより勉強ができなくてつらい。優秀とは思わなくなる。そこで自分の居場所がわからなくなり憂鬱になる生徒が出てくる。彼らに自信を持たせる仕組みを作り、彼らをすくい上げるようなことをしてほしい」

校則を作ろうという発想が出てこないのは、教師と生徒の阿吽の呼吸のおかげ

筑駒の本当の姿をよく知る2人をたずねた。筑駒で長く教員をつとめ副校長職として学校運営に力を注いだ濱本悟志さん、大野新さんである。

大野新さんは1994年から2019年まで教壇に立ち、2013年からは副校長をつとめた。社会科担当で水俣、東日本大震災被災地へ生徒をフィールドワークに連れて行ったことがある。このことが強く印象に残っているOBは少なくない。

筑駒生は中学受験では塾で厳しいトレーニングを繰り返し、相当な分量の問題をこなしてきた。受験のための「知識」がたっぷり詰め込まれている。大野さんはこう話す。

「受験のとき、瞬間最大風速的に知識で頭がパンパンになっていますが、中学に入ったとたんにすーってなくなってしまう。だから「本当の知識ってなにか」「知識を自分で持つだけではなく有効に使いこなせなければならない」という話をします。すると生徒は「あれっ」という感じになります。やっぱりそうかと思って、基本的なところから教えます」

中学受験の「知識」で凝り固まった頭を解きほぐす「自分くずし」「自分づくり」であ

り、筑駒流のリセットが始まる。

筑駒の校風に生徒はすぐ適応できるものなのだろうか。

「学校が自由すぎて困るという生徒がいます。ものすごく一生懸命勉強する生徒は言われることはなんでもこなせる優等生ですが、筑駒でどうしていいかわからなくなる。全部、自分で決めなければいけない学校ですから。これまでは親の言うことを聞けば希望をかなえられると思い、親の言うとおりにして、塾で勉強していた。それが一気になくなったとき、我々は「筑駒ではやることはたくさんあるよ。それは全部君が選んでやるんだよ」と話すわけです」

こうした自由な校風について、生徒はどのように受け止めているだろうか。

「生徒は自由闊達な校風の良さを十二分に活用して、成果を挙げています。自由を履き違えることなく、連綿として守り続けており、教師はそれをサポートしてきました。校則を作ろうという発想が出てこないのは、教師と生徒の阿吽の呼吸のおかげでしょう。いくら髪を染めても、犯罪に手を染めるような踏み外しはしない。自由を与えられているからこそ、それをどうやって守らなければならないかをわきまえています」

筑駒にはいつの時代にも能力がずば抜けて高い生徒がいる。大野さんはこんな接し方をしていた。

「最近はだんだん小粒になりました。かつては飛び抜けているというか、ものすごい、という生徒がゴロゴロいました。百科事典みたいな奴がいて、あいつに聞けばだいたいわかるというのがいました。三国志ならこいつに聞けとか。いまでも能力が飛び抜けた生徒はいます。教師はそんな生徒を「使える」と思って押さえておきます。あるテーマについてその生徒が発言しようとしても、それを抑えてまわりの生徒からいろいろな意見を出させる。最後に専門家のように詳しい生徒に「おまえはどうだ」って聞くと、彼がスパンとすごい答えを出してくる。教師が言うよりはるかに説得力があります。生徒同士が切磋琢磨する場であり、教師にとっては教えやすく、授業がおもしろくなります」

一方、小学校までトップを続けていた生徒がまわりに圧倒され、挫折感を味わうことがある。大野さんは続ける。

「能力が高い生徒たちは最初、マウントをとろうとするんですけれども、だいたい1年くらい経つと集団の中での自分の位置づけがわかってきます。自分より能力の高い生徒がいることがわかり、彼らには敵わないと落ち込んでしまう。その瞬間、俺はもう何やってもダメだなって思ってしまう生徒がいます。そこで教師は「まあ勉強はそれほどできないかもしれないけど、行事があるじゃないか」「部活で頑張ろう」と持ち上げ、励ますうちに、居場所を見つけてやっていけるようになります」

そして、行事とくに文化祭では生徒はものすごくがんばってしまう。「教師が「ああだ」「こうだ」と教えるより、生徒に運営を任せたほうがはるかに高い教育効果があります。それゆえ、生徒の行動を妨げたり、枠にはめたり、それをやめさせようとしたりはしません。いわゆる、ヒドゥンカリキュラムです」

授業についてはどうだろうか。筑駒は教科書をあまり使わず、教員のオリジナルのプリントで授業が進むと、昭和、平成、令和のＯＢたちは異口同音に回顧する。

「カリキュラムの設定は各教員に任されています。指導要領を厳守する、教科書に縛られるという状況ではありません。それは、国立の学校としてどうなのか、指導要領を無視していいわけではないのですが、そこはむずかしいところです。そこで、教育課程に沿って高度な授業を展開するという旗印の下で授業をしています。生徒にすれば教科書はわかりきった内容であり、すぐに理解できてしまう。たしかに教科書の中身はおもしろいところばかりではない。だから、生徒が行間を読めるような授業をするようにしています。そこで、自分でもいろいろな教材を工夫していますが、ひとことで言うと浅く広くではなくて、せまく深くです」

教科書どおりに教えるとどうしても浅く広くになってしまう。それは大学受験向けの授業につながりやすい。「深く」、つまり専門的な内容は大学へ行ってからでよい、いまは受験に役立つ勉強をすべき、と生徒に助言する学校もある。

しかし、筑駒は違う。

「一つのテーマを深掘りしないと見えてこないことがたくさんあります。深く掘った時に何が見えてくるのか、それが見えた時にお互いに話して、彼ら同士で意見を交換させ、価値観の対立を促していく。そうしないと、自分の思想を形成できないでしょう。ここに重きを置いています。ですから浅く広い知識は自分でやれよということです」

フィールドワーク、そして書かせる教育も、筑駒の大きな特徴だ。

「自分で問題意識を持って、何かテーマを探して調べる。これで力がずいぶんつきます。「大学入試のためではなく、社会に出てから必要なことだよ」と言っており、生徒もわかっていると思います。調べ考えたことはレポートにまとめさせます。どの教科も書かせて、教員がていねいに指導する。「これをちゃんと書けないと論述問題は解けないよ」くらいの話はします」

時代によって教員の授業観はかなり変化している。いま、特定分野を1年かけて教えるような教員はいない。授業のスタイルは1970年代、80年代と2020年代とではかなり違っている。

大野さんは説明する。

「以前よりはオーソドックスな内容です。もっとも教員によって教える内容や深度に違いはある。したがって、その教科を受け持った教員によって、ＯＢが習った時代によって、筑駒観も変わってきます」

生徒にすれば、英語や数学で「あたりの先生」「はずれの先生」と評されてしまうようだ。また、保健体育の性教育に熱心な教員もいれば、あっさり流す教員もいる。このような温度差があっても、学校（ほかの教員）が干渉することはほとんどない。

「駒場は、教員一人ひとりに授業を任せている。責任は重いけれど、教員にすれば理想的な環境です。教員は独立した存在という意識が筑駒には強いからでしょう。これが筑駒のスタイルなのです」

こうした考え方の根底には、筑駒は個性を尊重する、という校是といっていいような了解事項が全校で共有されていることがある。いわゆる職員室がないのも、教員同士でも個性を重視する「筑駒スタイル」を象徴しているように思える。

「教員が生徒の個性を尊重するだけではありません。教員の間、生徒の間において違った個性の出会いを大切にするという考えがあります」

大野さんも自身の個性を授業に反映させた。

「どのような授業をすれば生徒がおもしろがるか。なにが好奇心をかきたてるか。工夫とのたたかいの歴史でした」

大野さんの「工夫」の一つに水俣病をテーマにした授業がある。公害に対する社会的責任を説く内容だ。1996年から始まり、大野さんが定年後に非常勤講師となったいまでも続いている。はじめは中学生の通常の授業で扱っていたが、その後、現地（熊本県水俣市）まで出向く「校外実習」を高校2年生で実施するようになった。スーパーサイエンスハイスクール（SSH）の一環としても「水俣学習」が位置づけられたからである。また、教科として宇井純氏（環境学）、常石敬一氏（科学史）、安斎育郎氏（物理学）などを呼び、科学者、技術者の光と影を講じてもらうことがあった。いわば国費を使っての水俣病研究を行う学校は、ほかにないだろう。筑駒社会科教員の面目躍如である。

また、2011年の東日本大震災以降、筑駒は灘の生徒と一緒に福島に出かけ、「ふくしま学宿」を行っている。2022年は福島県いわき市、浪江町を訪問し、「震災遺構・浪江町立請戸小学校」「東日本大震災・原子力災害伝承館」を見学した。その後、東京大の関谷准教授から風評被害のメカニズムと現状、経済産業省の参事官からALPS処理水の処分に関する講義を受け、ワークショップで議論した。

一方で、東京大など難関大学に合格するために、筑駒の生徒は受験に特化した塾に通っている現実がある。とくに鉄緑会への通学者は年々増えており、これが教員を悩ませる存在となっている。

「おもしろくないのは鉄緑会で筑駒卒の東大生が、「このまま筑駒の授業を聞いても何の足しにもならない。これでは東大に行けるわけがないからダメだ」と生徒に吹き込むことです。塾で勉強していれば安心で、学校は遊びに行く場所だと捉えている生徒もいる。どう考えるかは自由ですけど、それはちょっと違うと思います。また、鉄緑会のおかげで東大合格者数が多いという見方もあるけど、それは一面的な見方です。筑駒の教育内容をもっと発信したほうがいいですね」

一方、教員の教え、指導とは離れた、いわば教員が関知しないところで、筑駒生の主体的な動きに、大野さんはいつの時代も驚かされた。

その好例がやはり文化祭である。イベントの準備を家でやっている。仕込みを徹夜で仕上げる。公民館を借りている。なかには学校近くのマンションの部屋を借りる者もいた。1980年代ぐらいまでは東京大駒場キャンパスで夜遅くまで準備している者もいた。その熱心ぶりは、家族を巻き込むことがある。大野さんはこう話す。

「食べる時間を惜しんで取り組むので、生徒が日々やせてくる。それを見た親は心配し、学校に食べ物を大量に運んできた母親がいました。生徒からは栄養ドリンクを買おうという申し出もあった。文化祭では空いている時間ができれば、他の班のサポートをする。役割がなくなった生徒をうまくはめこむ、そのシフトづくりは見事なものです」

文化祭でのこうした経験を、やがて起業につなげていったOBについて第1章で触れた。大野さんはこう話す。

「自分がやりたいことを突き詰めるための環境作りとして、起業するケースが多く見られます。彼らがいちばん好きなことをしたい、おもしろいからやってみる。興味や関心を事業に結びつけて、会社を発展させているのであって、金儲けしたい部分もあるでしょうが、根底には社会に役立ちたいという思いがあります。そこは見てあげたいですね」

金は出すけど、内容は学校にまかせる。教科書をなに使おうがいいじゃないか

濱本悟志さんは筑駒OB（75年卒・23期）で、1984年に理科教員として母校に赴任する。2009年から副校長をつとめた。17年に筑駒を離れて、筑波大教授、附属学校教育局の教育長補佐あるいは次長として、附属の小中学校高校や特別支援学校を担当する職に就いた。国立大学附属学校としてのあり方、そして生徒と教員としての体験から筑駒について語ってもらった。

少子化にあって公立の小中学校の統廃合、規模の縮小が進むなか、国立大学附属学校は変わっていない。この時代、税金を使った教育を縮小せずにそのまま続けていいのか、と

いう見方はある。

「筑駒はSSHなどで教育内容の高度化に取り組み個性化を訴えてきました。少し前の総合的学習の時間2単位、文科省が推奨するアクティブ・ラーニングは、水田授業、校外学習、文化祭ですでに実践していますが、なかなか知られていません。もっと発信しなければならないですね」

　国立なのにエリート教育はけしからん、という批判は一時期より見られなくなったが、それでも「国立なのに」という枕詞で批判の矢面に立たされることはある。

　2017年、「学び舎」が発行する中学生向けの歴史教科書『ともに学ぶ人間の歴史』を採択した学校がある団体から非難されたことがあった。教科書の内容を「左翼的」と受け止め、気に入らなかったようだ。筑駒も同じ教科書を使っていたが、ハガキでの批判にとどまっている。

「税金で運営する学校なのに、国に反することをやるのかという批判を受けていますが、生徒には関係ないことです。教育は将来の国を発展させるために行います。教育の中立性は、現体制をそのまま受け入れる人間を育てることではありません。国の言いなりになるのではなく、政策でおかしなところがあればきちんと指摘しなければならない。中立性でいちばん大事なのは「金は出すが口は出さない」です。金は出すけど、内容は学校にまかせる。教科書をなに使おうがいいじゃないか、ということです」

２０１９年、筑駒の生徒が文科省前で共通テスト反対を訴え、メディアを通じて筑駒生として共通テスト批判をしたことがあった。そのとき、筑駒から筑波大学附属学校教育局にひとこと連絡があったという。当時、文科省の有識者会議で国立大学がにらまれていたので心配だったのだろう。教育局は「正しいことを主張したのだから、いいじゃないですか」という対応だった。

濱本さんは１９６９年、筑駒中に入学する。

「中学生は年齢的にまだ幼いんだけど、人間一人として非常に尊重し大事にしてくれる、大人扱いしてくれる。よく考え方を聞いてくれる。そんな先生が多かった。強引に教育しない、悪く言うと放任主義みたいなところがあります。生徒が多少、道を外れておかしな方へいっても先生はそれをずっと見てくれる。あるときは別の選択肢を示す。こうして自分の居場所を見つけられる学校でした」

数学が得意で何でも解いてしまう、文学を愛する、学校行事が大好き、など、この部分については こいつに敵わないという同級生が隣りにいる。濱本さんは理数系科目が得意だった。

「数学、物理が苦手な同級生がいて彼は僕のことを敵わないと思っていたようだけど、僕も彼の『共同体の基礎理論』に関するすごい文章を読むとまったく敵わなかった。敵わない人間が隣りにいることを大事にする。それがバラバラになっていたらダメですけど、文化祭など学校行事で結び付いて一緒になって教え合って補う。そこが筑駒の良いところです」

三大行事でとんでもない才能を発揮する生徒がいる。音楽祭で指揮が抜群にうまかったり、文化祭ですごい会計のソフトを作ったり、そういう生徒がリーダーシップをとっていく。

「「この分野は彼に敵わない。だから彼にやらせればうまくいく」とかね。ある意味、個性のぶつかり合いになり、自分がどの部分で評価されているかがわかって、お互い、かけがえのない存在になります」

濱本さんが教員になってからも同じだった。生徒と一緒に学校行事をすすめていると、こういう方法をこいつがやるのか、と驚かされる。そして、教員も生徒から学ぶ。

「パソコンは間違いなく生徒に教わっていますね」

三大行事はクラス分けの妙で盛り上がり方が左右される。音楽祭で指揮者とピアニストの力量が問われる演奏、体育祭のサッカーやバスケットボールで体力や技術が求められるプレイにおいて、クラス対抗で接戦になるようにするために、クラス分けでそれぞれの才能を持った生徒をバランス良く配置するわけだ。行事優先というのは興味深い。

「試合が接戦になって盛り上がると、生徒から「先生たちうまいクラス分けやったねえ」と言われます。三大行事をスムーズに行えばクラス運営はうまくいきます」

濱本さんは物理を教えるにあたってこんな工夫をした。

「理科は実験、理論を組みあわせました。実験を最初にやってそこから検証して理論を学ぶ。物理で高価な実験器具を使う際、生徒がローテーションを組んで実験に取り組む。うまくいく班、うまくいかない班がでてきます。たいてい最後の班はうまくいくのですが、ときどき頭を悩ませる実験をいれます。予想と違う結果が出てしまい、受験のテクニックでは全然解決できない。ここには科学者的な視点が入っているので、大学入学後にはつながりますが、大学入試対策にはつながらないですね」

物理実験でおもしろいのは、光源装置など実験装置そのものを検証することだ。

「光源装置は、なぜここで光が曲がるのかを調べると、物理の理論に触れることができる。実験道具が物理の理論で作られており、実験原理そのものを知ることが物理の授業になります。別な方法で実験結果を出すために、レンズの仕組みなどを勉強することが物理を理解することにつながります。電磁気、力学などの概念を使って実験道具をチェックすることで、どういうところで物理の理論が使われているかを知るわけです」

ここまで来ると大学の専門課程のレベルになるが、物理好きにはたまらない授業である。

少子化が進む中で、筑駒の授業は変わるだろうか。

「教員の役割は変わるかもしれません。40人の一斉授業が改められ、基礎的な学びはＡＩにとって代わられるでしょう。数学だったら、習熟度をチェックしてはここに戻ってもう一度やりなさい、と伝えるスタイルです。こうしたなか筑駒はさらに個性を打ち出して、その中身を社会に伝えていかなければなりません。たとえば、どのようなリーダーを育てるか、などです」

筑駒生の大学受験への取り組み方では、濱本さんは生徒への進路指導について、学校説明会で「進路指導の４原則」と称して保護者にこう話していたという。

①将来、どの専門性を生かして社会に貢献するかは自分で決める。

②そのために学部や大学は自分で決める。できれば学部を先に決めてほしい。

③その合否については自分で責任をとる。

④生徒がこれらをできる環境を学校はつくる。

筑駒生といえども全員がこれらを実践できるわけではない。濱本さんがこう補足する。

「迷ったり、悩んだりする生徒は教員が個別に相談を受ける。しかし、教員ではわからないこともあり、そんなとき、ＯＢに聞くよう勧めＯＢを紹介しています。筑駒は群れない、と言われますが、群れないからこそ、互いの能力を認めたときに結束する。困っているとちゃんと相談にのるOBはたくさんいます」

濱本さんは筑駒生の保護者にこう言い聞かせていた。

「第1志望の大学に入るため6年すごす、というならば、筑駒はやめたほうがいい。学校はそのためにあるのではない。進路に迷っているとき、「右に進みなさい」とは言い得ません。真ん中か左かを聞かれたら「自分でためしてごらん」という。それが筑駒です。そのかわり転落しない方法を教えます」

筑駒生の大学受験への取り組み方では、鉄緑会など東大専門塾の存在抜きには語れない。筑駒の教員のなかには、塾での指導を苦々しく思う人はいる。授業中に塾の宿題に没頭する生徒を見ておもしろくはない。

一方、東大専門塾に通わなければ不安に思う筑駒生がいる。

濱本さんは生徒との面談でこの話題に及ぶことがあり、ある生徒がこう話したという。

「「授業中心に」と先生が言うことはわかる。でも、高いレベルは自分の学力では消化できない。なんとか筑駒の入試を突破したものの、優秀な同級生のように勉強も部活動も効率良くこなせない。受験勉強がおろそかになって成績が悪くなり、東大合格はむずかしい。筑駒のふだんの授業や試験でむずかしい論文形式を出されても、ぼくは救われないんです」

濱本さんは複雑な思いを抱いていた。

「生徒の多くは塾を受験に必要な手段と思っているようです。だからといって筑駒の授業を受験シフトにしてほしいと生徒はだれも望んでいません。学校で三大行事、部活、趣味などいろいろなことをやりたいけど、東大に入るためには筑駒の授業では効率が良くないと考え、必要に迫られ塾で勉強する、という考え方なのでしょう」

筑駒では教員が授業でアカデミックな内容を話す。生徒にすれば、これらは大学受験に役立たない。けれど、生徒は文句を言わない。生徒はどんな思いで授業を受けているのか。気になった教員は生徒に様子を聞く。すると、筑駒の授業、塾の勉強をうまく棲み分けているることがわかる。

濱本さんはこう続けた。

「そもそも学校と塾ではねらいが違います。塾は第1志望校合格のために授業を行う。筑駒は「進路指導の4原則」を念頭に生徒に自主性を求めるため、大学入試で駆使して点を取るためにはどうしたらいいか、などを教えない。それゆえ、テクニックにすがらないと不安に思う生徒が塾へ行く。これは仕方がないでしょう」

＊

昭和女子大全学共通教育センター准教授の緩利誠さんは、筑駒教育のあり方、筑駒生の生態について調査、研究している。

緩利さんは教育学者として、筑駒の授業を見学、生徒と接し、教員と議論してきた。こうした経験をもとに、筑駒の現状、評価すべきこと、課題などについて寄稿していただいた。

特別寄稿　「才能の溶解炉」としての筑駒

緩利誠

この授業は受けるに値しないと思うと、彼らはそもそも聞かない

筑駒はエリート教育よりも才能教育の観点から捉えた方がよく理解できる。長年にわたり、筑駒の授業を観察し続けてきた私はそう確信している。もちろん、社会的に見ればエリート教育の役割を果たしてきたのは事実であるが、それだけでは見落としてしまうことを才能教育は教えてくれるからである。その一端をここでは紹介したい。

「筑駒だから、筑駒の生徒だから、こんなことができるんですよ」、筑駒の教育に触れた多くの方はこのセリフを口にされる。その半分は正しいが、もう半分は間違っている。能力が高い生徒たちは放っておいても、勝手に自分でやるし、勝手に成長する。そうした思い込みが日本社会に根づいているのでないか？　実際のところ、筑駒の生徒たちを相手に授業をするのは、そう簡単なことではなく、周囲が思っている以上にハードである。

彼らの情報処理能力や記憶力は著しく高い。教科書に書かれていることは読めば大体分かってしまう。中学入試を受ける段階ですでにかなりのことを学んでいる。そんな彼らに教科書一辺倒の授業をしても、見事なまでにふり向いてくれない。この授業は受けるに値しないと思うと、彼らはそもそも聞かないし、鉄緑会の課題など内職に勤しむ。教師もいちいち咎めず、「聞かなければまずいと思ったことは聞いている」と受け流す。筑駒の先生方は「まじめに授業を受けなさい」と生徒たちを授業規律でコントロールしようとはしない。

むしろ、彼らが耳を傾け、参加したくなる授業内容の魅力でもって勝負する、そうした暗黙の前提が筑駒の教員文化になっている。もちろん、毎回の授業がうまくいくとは限らないが、各先生方の専門性に裏づけられた独自教材を駆使することで、彼らの知的欲求の充足に心を砕く姿がそこにはある。

一般的な学校であれば、同一学年を2、3人の教師が足並みを揃えて授業をすることが多いが、筑駒の場合、基本的には1人で担当する指導体制になっている。学校全体の組織で捉えると、筑駒には1人ひとりの先生が店主としてお店を構える商店街のような雰囲気がある。教師同士はお互いを信頼しあっており、よく言えば、各教師の教育の自由が尊重されているわけだが、指導に関する全責任はその教師が負うことになる。そのプレッシャーは相当なものだろう。

では、能力が高い生徒たちだから、とにかく難しいことをやればいいのか、そこはやはり発達段階や興味関心等もあるわけで、そう単純な話ではない。それだと大抵は失敗すると先生方は口をそろえる。筑駒の授業は才能教育で言うところの早修型（上級学年・学校種の教育内容の先取り）ではなく、拡充型に徹しようとするところに特徴がある。つまり、生徒たちの分かったつもり、できるつもり、知っているつもりなど、数々の「つもり」という認識を徹底的に揺さぶり、理解の幅や深さ、厚みを増すことに価値をおく。

中学入試のために獲得した生徒の「知識」はいかに効率的に問題を解くかというパターンに過ぎない。また、各「知識」は点と点のままでそれぞれがほとんどつながっていない。記号処理やシンボル操作が得意な彼らは、頭のなかだけで論理を組み立てようとすることも多い。こうした現実を課題視する先生方は実に多く、中学入試までの学びをアンラーンする（学びほぐす）ことが入学後の最初のミッションと言えるかもしれない。


「才能の溶解炉」の役割を果たしており、そうであり続けてほしい

筑駒で学ぶに連れて、生徒たちは授業内外の様々な場面で「定義は？」「前提や条件は？」「根拠は？」「その根拠の信頼性や妥当性は？」「○○な場合や例外もあるのでは？」「ほかにもこんな考え方ができるのでは？」「△△の考えは□□の点で矛盾している！」など、論理的あるいは科学的であることにこだわりを強めていく。

教師もそうした問いかけをすることが多い。ベテランの先生方ほど、それに加えて、「筑駒で学ぶことの意味」や「筑駒生であることの意味」を訴えかけることがある。「筑駒でせっかく学んでいるんだから、（定説を疑い）たくましい知性を身につけてほしい」「他の学校の生徒なら、ただ○○ができていればいい。でも君たちは違う。その仕組みと意味まで理解しておく必要があるんだ」などと。

ちなみに、教師が投げかける問いについて、誰かの発言がきっかけになって、議論がヒートアップしていくことはよくある。まるでスイッチが入ったように活気づく。ただ、頭の回転が速いせいかとにかく早口な子も多く、途中の説明を端折るがゆえに何を言いたいのかがよく分からないことも……。そんな時は教師が「あいだもちゃんと説明しないとみんなわからないよ」と指導したり、ケアしたりすることがある。このあたりを苦手とする子は意外と多い。

そうこうしていると、他の生徒たちが「こういうこと？」「こういうことなんじゃない！」などと助け船を出したり、それに触発されたやりとりが続くと「あぁ、なるほどね！」とクラス全体に理解が波及していく。それが誰も思いつかなかった美しい数式や新たな解釈だったとき、おもしろい考え方だったときには、スタンディングオベーション並みの拍手が起こる。そのやりとりを差配している先生の力量を含め、その場面はまさに見事としか言いようがない。一般校では見たことのない風景である。

他方で、彼らの知的レベルは確かに高いが、だからといって、対人関係や感情のコントロールなど、社会情動的スキルの発達も同水準かというと、決してそうではない。むしろ、バラツキが大きい分、不安定さや生きづらさも抱えており、才能児特有のケアが必要になる場面も多い。教師と生徒、生徒同士の6年間にわたるタテ・ヨコ・ナナメの関係を通じて、筑駒の子たちは自然と様々なサポートを受けている。正直なところ、もし筑駒の生徒たちが一般校に通っていたら、不適応を起こしているかもしれないと思うことさえある。

筑駒にきたら勉強はできて当たり前、その環境において、自分はどこで尖がって活路を見出すのか、自分のアイデンティティが問われることはしんどかったという声をOBからよく聞く。でも、筑駒には良いものは良い、おもしろいものはおもしろいと素直に認める風土があり、分かりあえる仲間がいる。それゆえに、苦しさはあれども、彼らにとって居心地のいい場所になっていることは間違いない。筑駒は彼らの知的欲求を充足させつつ、発達段階にふさわしい社会情動的発達を促すことで「才能の溶解炉」の役割を果たしてきた。これからもそうであり続けてほしい。

緩利さんの筑駒に対する検証、そして期待はとても説得力があった。わたしも合意したい。だが、近い将来を見通すと、少子化がより進み、一方で多様化への対応が求められている。筑駒の「才能の溶解炉」はこれまでどおり機能するだろうか。

その答えを求めて、筑駒を研究する旅の最後に、現・校長の北村豊さんを訪問した。筑駒のいまと将来についてぜひ話を聞きたい。北村さんは快く迎えてくれた。

現校長が語る将来ヴィジョン

2022年、筑駒はケルネル水田の大規模補修のためにクラウドファンディング（インターネットを活用した資金調達活動）を立ちあげた。水田の基盤や土壌が劣化しているため、自然環境を守りながら水田としての機能を復元するプロジェクトである。これを主導したのは、北村豊校長である。北村さんは筑波大学生命環境系教授であり、コメなどの農作物の加工研究に取り組んできた。それゆえ、農学遺産ともいえるケルネル水田の補修に関わったことに運命的なものを感じたという。

クラウドファンディングの目標金額を2800万円と設定したところ、1264人から寄附があり4249万6000円が集まった（2022年7月31日）。教駒・筑駒OBが在学中の農作業に思いをめぐらせ、母校の危機とばかり寄附を申し入れたのだろう。

北村さんは2020年、筑波大学附属駒場中・高校の校長に就任した。筑駒についてこう評している。

「学習指導要領を考慮しながらも自由に高いレベルの内容を教える様子に感銘を受けました。生徒が勉強嫌いにならず、学問を好きになってくれる、いま勉強している先にもっともっとすごい世界があることを感じさせる授業で、多くの生徒が学問はこんなにおもしろいのかと受け止める。それが彼らの才能を伸ばしてくれます」

何でも手抜きしない。懸命に取り組む。一方でお互いの才能を認め合う。そんな生徒たちを北村校長は好ましく思っている。たとえば文化祭でコーヒーをたてるときでも、おいしい作り方を確立するための集中力、とことんやらないと気が済まない気質には感心した。

「先輩を超えよう、昨年よりも良いものを作りたい、という思いが強いんでしょうね。勉強も行事も真剣に取り組む。生徒が学校をすごく好きだからなんです。しいて注文があるとすれば、筑駒生は掃除が得意ではないことでしょうか。校舎は汚いですし（笑）」

北村校長は生徒、教員、校風にすっかり満足していた。筑駒はこのままで十分と思いきや、そうではない。北村校長は壮大なヴィジョンを示してくれた。

筑波大には11の附属学校があり、それぞれのミッションを見直そうという動きがある。ジェンダー平等が進む時代、筑駒は男子校のままでいいのか、という話も出てくる。北村校長はこう説明する。

「これまで学力が高く才能ある男子を受け入れてきました。将来、女子やトランスジェンダー、また、ハンディキャップがある方々についても、わたしたちが求めている学力に達していれば、筑駒で学んでほしい。小学校からの飛び級、海外からの留学生や移住者を受け入れることもできるようにしておきたい。そのためにはトイレ、更衣室、視聴覚室、スロープ、日本語教室、学生寮などさまざまな設備を整えなければなりません。だれでも受け入れられる校舎を作ることが先決ですね」

筑駒が男女共学になる。いや、そればかりではない。多彩さ、多様性を尊重してさまざまな層から優秀な生徒を受け入れることになれば、インパクトはかなり大きい。

「筑駒は国立大学の附属として実験校の役割を担っています。さまざまな人たちがナチュラルに一緒になって学ぶという「実験」ができる。うまくいかなければ、また実験し直せばいい。時代の求めには臨機応変に対応し、先端的な取り組みを進めたい。筑駒はそれができる学校です」

筑駒には学校運営に関する意思決定を検討する機関として運営委員会があり、それを受けて月2回、職員会議が行われる。そこでは民主的に丁寧に議論が進められていると、北村さんは評価している。

あらためて筑駒はどこへ行こうとしているのか。北村さんが大きなヴィジョンを示してくれた。これらが具体的に実現すると、筑駒だけでなく、日本の教育は変わるのではないか。期待を持たせてくれる。とても楽しみだ。大きな夢、ロマンを持っている校長先生がいることは、生徒にとって幸せである。

＊

筑駒の北村校長先生が抱くヴィジョンにはわくわくするものがある。筑駒が多彩、多様性を尊重してさまざまな生徒を率先して受け入れ始めたら、日本の教育は良い方向に変わるのではないか、そんな期待を抱かせてくれるからだ。筑駒にはそれを実行に移せる校風「自由闊達」が備わっている。生徒の能力を伸ばすため、これまで学校生活上、細かな枠組みを作らなかった。それによって各界に優れた人材を送り出してきたのは、本書で見たとおりである。

ならば生徒受け入れにあたっても、枠組みを外してしまえばいい。「自由闊達」を援用して中学、高校入試資格の「男子に限る」を、自由の名において外してしまう。それができてこそ、筑駒のアイデンティティが発揮される。「自由」とは、筑駒を成り立たせる根幹なのだから。

教駒・筑駒OB、元教員から、体験的「筑駒論」を聞いた。そこで真っ先に挙がってくる言葉が、「自由な校風」「筑駒の自由」である。そこで、「自由」を手がかりに、「筑駒とは何か」、いわば筑駒論を試みてみたい。


筑駒に入学すると、だれもが「自由」の洗礼を受ける。中学、高校入学前は筑駒に入るため、進学塾でひたすら受験勉強を繰り返してきた。与えられた課題をこなしていく側面が強く、自由気ままに学んだとはとても言い難い。それゆえ、筑駒入学当初、「自由」をどうやって享受していいかわからない。やがて、「自由」の名の下に生徒が好き勝手振る舞ってもいいことがわかってくる。課外活動や文化祭などの行事での先輩との触れあいも大きい。

好き勝手な振る舞いは、筑駒生のポテンシャルを目覚めさせてくれる。受験で封印させていた個性が花開くときだ。理数系が強い、ものづくりが得意である、文学の素養が備わっている、哲学への関心が高い、語学の才能に傑出している、芸術的センスが抜群である、などだ。さまざまな分野で生来、専門性が高いということだ。趣味を徹底的に貫いてしまう、言いかえればオタク性をきわめてしまう、といっていい。

筑駒の「自由」が、その舞台を作り上げたのである。

筑駒にはその世代でもっとも賢い人たちが入ってくる。天才、秀才、神童と言われる層だ。こうした生徒を迎え入れる学校は、「自由」を標榜する手前、手を加えなかった。特別な才能教育、受験指導などをせず、生徒が勝手に個性を開き、才能を伸ばせるような環境を用意しただけである。

それは偶然であり、必然でもあった。

国立大学附属学校は実験校である。しかし、ヘタな実験はしなかった。いや何もしないことが実験といっていい。また、私立のように教育理念を押し付けない、市町村立学校のように教育委員会からの制約を受けることもない。こうした要因がたまたま重なって「自由」な楽園ができたのである。

一方、賢い人たちは自分の居場所をもっとも生活しやすい空間にしたい、と考える。自分の個性を発揮できるよう、オタク性を追求できるように、居心地の良さを求める。と、なれば、細かな校則などの枠組みは、その妨げになりかねない。「校則なんかなくてもやることはやるよ」という自負も備わってくる。これが必然の部分だ。

このように筑駒のアイデンティティを考えると、筑駒の将来は「自由」であり続け、個性をどれだけ打ち出せるかにかかっている。

もっとも、筑駒の個性について、世間的にみれば、東京大合格率の高さがもっとも通りがいい。これだけならば予備校と変わらない。これに対して、教駒・筑駒の長い歴史を振り返ると東京大合格向けの受験指導を行っていない、という反論もあろう。筑駒にとってはそれが美徳とされるフシもある。

しかし、その内実は鉄緑会など進学塾への7割近い通学であり、筑駒のふだんの授業が生徒にすべて受け入れられているというわけではない。東京大合格率の高さは筑駒教育の成果というより、日本で指折りの天才、秀才が集まり、進学塾で鍛えあげているから、と言われても仕方ない。私立中高一貫校のように中学で高校課程の授業をどんどん進め、高校2年修了で高校課程を終えなくても、何十年も東京大合格率が一定の水準を保っているのは、その証しである。筑駒の授業だけで東京大に合格できるほど、いまのところ、残念ながら大学入試はあまくはない。

筑駒教員の理想は、ふだんの授業で身につけた教養、知識は大学入試で少しは生かされる、そして大学入学後に役立つ、社会に出て活用できるということだろう。

そのために、筑駒はどうしたらいいのか。

いまの教育スタイルを続けるしかないだろう。

進学塾への依存度がより高まることが懸念されるが、大学は入試選考で単に優秀な人材ではなく、多様な優秀な人材を受け入れようとしている。豊かな個性、突出した才能、指導力、行動力などだ。もちろん、オタクも入る。東京大が推薦入試（学校推薦型選抜）を2016年に導入したのもそれが理由だ。筑駒はこうした人材の宝庫であり、大学入試において時代が筑駒に追いついたといえる。

これは良い傾向である。もちろん、筑駒が手取り足取り教えたのではなく、自由に才能を伸ばせる環境を与えたという意味においてだ。推薦合格者は「鉄緑会のおかげ」とは言わないはずだ。大好きなテーマを自由に突き詰められる、という筑駒の伝統的な校風が、東大入試で活用できる。もっと言えば、筑駒のオタク層にとってはありがたいことだ。

だからといって筑駒バンザイと絶賛するわけではない。

筑駒のなかで中学受験ぐせが抜けきれない天才、秀才たちは、毎年、一定数以上はいる。たしかに彼らにとっても、筑駒は地上の楽園で居心地は良い。高度なレベルでおもしろい授業がある。才能豊かな仲間と楽しく時を過ごせ、自分の才能を磨くこともできる。だが、東京大入試に直面すると、筑駒だけでは不安を抱き、それなりに準備をしないと気が済まない。そこで鉄緑会など進学塾に安息の地を求めてしまう。

筑駒の大きな課題は、こうしたダブルスタンダードにある。この状態が続く以上、筑駒の発展は望めない、と思う。ダブルスクール状態を脱却するためには、塾や予備校を必要としない教育が求められる。もちろん、筑駒は大学入試に特化した教育をすべきではないし、そんなことはできないだろう。しかし、筑駒の教駒時代から積み重ねてきた教育実践からすれば、東京大など難関大学受験に対応できる、そして大学教育を受ける基礎となる教育を行うことが可能だと、わたしは信じたい。

2020年代、筑駒生は、「ある授業では自ら物語を創作、数え切れないほどの独創的な授業を体験することができるのです」（「筑駒白書2022」）と受け止めている。これは、筑駒の教員にとっては最高のほめ言葉だ。この「独創的」によって、筑駒は天才、秀才たちの楽園として、自由さ、レベルの高さ、生徒からの信頼が保たれている。塾や予備校の存在に揺らぐことなく、いつまでもこうした筑駒文化を続けてほしい。

あとがき

筑駒はおもしろい。

最後の締めが俗な言い方になってしまい、わたしの言語的貧しさをお許しいただきたい。筑駒の天才、秀才、賢い人は学校をおもしろがっている。こうして筑駒体験を社会で存分に生かしている。筑駒教育の真髄はこうした中から理解することができた。筑駒の謎が少しずつ解けるようになった。おもしろいことをしてきた筑駒出身者が、世の中をもっとおもしろくしてくれるのではないか。そんな期待をこめて、筑駒はおもしろい、と思った。

まえがきにも記したように、本書では筑駒出身者、元教員合わせて約１００人に話をうかがった。だれもが筑駒時代をおもしろそうに語るのが印象的だった。それは学校にとってとても大切なことだとわたしは思う。本書をつうじて、筑駒の謎が少しでも解き明かされ、筑駒はおもしろいと受け止めていただけることを望んでやまない。

筑駒の謎解きにご協力くださった方にお礼を申し上げたい。

筑駒出身者、筑駒元教員のみなさん、ありがとうございました。同校の元教員で中学と高校いずれも副校長をつとめられた3人＝井上正允さん、濱本悟志さん、大野新さんからは、筑駒の歴史や教育など基本的なところからご教示いただいた。筑駒の同窓会、若葉会の会長である三村量一さん（73年卒・21期）、事務局長の山本裕さん（65年卒・13期）には企画への温かいご理解をいただいた。同・副会長の藤井純さん（68年卒・16期）には教駒・筑駒出身者を数多く紹介していただき、なかなかお目にかかれない方に話を聞くことができた。現在、筑波大学附属駒場中・高等学校校長の北村豊さんには、企画を前向きに捉えていただいたうえで筑駒の壮大なるヴィジョンをうかがうことができた。昭和女子大准教授の緩利誠さんから本書のために、筑駒の授業内容や生徒気質への観察をもとに筑駒論を寄稿していただいた。本書担当の河出書房新社編集部の藤﨑寛之さん（92年卒・40期）が筑駒出身でなければ、筑駒の謎をさぐる旅は始まらなかった。みなさんに、あらためて感謝したい。

そして、筑駒に関心があって本書を手にしてくださった方々に厚くお礼を申し上げる。どうもありがとう。

2023年11月

小林哲夫

河出新書 070

筑駒《つくこま》の研究《けんきゅう》

二〇二三年一二月二〇日 初版印刷
二〇二三年一二月三〇日 初版発行

著者 小林哲夫《こばやしてつお》
発行者 小野寺優
発行所 株式会社河出書房新社
〒一五一-〇〇五一 東京都渋谷区千駄ヶ谷二-三二-二
電話 〇三-三四〇四-一二〇一［営業］／〇三-三四〇四-八六一一［編集］
https://www.kawade.co.jp/

マーク tupera tupera
装幀 木庭貴信（オクターヴ）
印刷・製本 中央精版印刷株式会社

Printed in Japan ISBN978-4-309-63172-1

〈格差〉と〈階級〉の戦後史　橋本健二

格差論の決定版、現代日本論必携の名著を、10年の時を経て、新データも加えながらアップデート。この社会はいかにして生まれたか。

016

共鳴する未来
データ革命で生み出すこれからの世界　宮田裕章

私たちの世界は今、どこへ向かうのか。ビッグデータで変わりゆく「価値」を問い直し「個人」を原点に共に生きる社会を提言する。

020

対立軸の昭和史
社会党はなぜ消滅したのか　保阪正康

最大野党として力を持ちつつも、激しい党内闘争と保守からの切り崩しによって消滅した社会党とは何だったのか。もうひとつの昭和史。

021

仏教の誕生　佐々木閑

二千五百年間、苦しむ人々を救い続けてきたユニークな宗教「仏教」はなぜ、生まれたのか？ その本質を教えてくれる連続講義、開講！

023

サバイバルする皮膚
思考する臓器の7億年史　傳田光洋

生物を外界と隔てる最大のインターフェイス・皮膚はいかにして我々を進化させたのか？ 日本の皮膚研究第一人者がスリリングに紐解く！

030

河出新書